Why? People

인물
탐구학습
만화

Why? People

에이브러햄 링컨

Abraham Lincoln

예림당

Why? People

Why? People 에이브러햄 링컨
2014년 9월 15일 1판 1쇄 발행
2017년 3월 1일 1판 11쇄 발행

회장 | 나춘호
펴낸이 | 나성훈
펴낸곳 | ㈜ 예림당
등록 | 제2013-000041호
주소 | 서울특별시 성동구 아차산로 153
구매 문의 전화 | 예림M&B 561-9007
팩스 | 예림M&B 562-9007
책 내용 문의 전화 | 3404-9283
http://www.yearim.kr
ISBN 978-89-302-3341-5 74990
ISBN 978-89-302-3329-3 (세트)

|STAFF|
출판콘텐츠개발본부 이사 | 백광균
편집 | 본문 디자인 진행 | 스윗스팟
사진 | 김창윤/이건무
표지 디자인 | 이보배 표지 그림 | 전승훈
국제업무 | 김대원/최고은 김혜진
제작 | 정병문/신상덕 곽종수 홍예솔
홍보마케팅 | 박일성
마케팅 | 예림M&B

! 주의 : 책을 던지거나 떨어뜨리면 다칠 우려가 있으니 주의하십시오.
낙장, 파본 등 결함이 있는 도서는 구입한 곳에서 교환받을 수 있습니다.

글쓴이 **박현종**

월간 교양지 〈SBS 아름다운 세상〉 〈행복한 세상〉 기자로 사회에 첫발을 내디뎠습니다. 지금은 기획사에서 어린이에게 도움이 될 수 있는 지식을 전달하는 이야기를 쓰고 있습니다. 그동안 쓴 책으로 〈Why? 교과서 만화 사회 3학년〉 〈Why? People 리처드 파인만〉 등이 있습니다.

그린이 **이두원**

1996년부터 만화가로 활동하기 시작해, 유익하고 재미있는 학습 만화를 그리기 위해 노력하고 있습니다. 어린이들에게 꿈과 희망을 줄 수 있는 작가가 되기 위해 오늘도 열심히 연필을 잡고 작업 중입니다. 작품으로는 〈Why? 생활과학〉 〈Why? 별과 별자리〉 〈Why? English 3학년〉 〈셀파 탐험대(역사편)〉 〈Why? People 세종 대왕〉 〈Why? People 스티브 잡스〉 〈Why? People 마거릿 대처〉 등이 있습니다.

추천의 글

본받고 배우자! 세상을 바꾼 Power People!

여러분은 어떤 사람이 되고 싶은가요? 소방관, 간호사, 선생님 또는 멋진 축구 선수가 꿈인 친구들도 있겠죠. 하지만 학년이 올라갈수록 공부도 잘하고 돈도 잘 버는 사람이 되기를 원하지 않나요? 그런데 세계 유명 대학의 교수님들은 학생들을 향해 한결같이 '세상을 바꾸는 사람'이 되라고 말씀하십니다. 세상을 밝고 건강하게 바꾸는 일이야말로 가장 멋지고 보람된 일이라는 가르침이지요.

아프리카에 가서 봉사 활동을 하다가 정작 본인은 암에 걸려 돌아가신 이태석 신부님이 바로 이런 경우예요. 이분은 아프리카 남부 수단의 '톤즈'라는 마을에 가서 그곳 사람들을 위해 헌신적으로 봉사하다가 50살도 되기 전에 돌아가셨어요. 그런데 신부님의 소식을 들은 지구촌의 많은 사람이 신부님의 사랑에 감동을 하고 신부님의 뜻을 더 많이 따르게 되었습니다. 신부님을 닮고 싶은 사람이 점점 더 많이 생기면서 나눔과 봉사의 마음이 더욱 커진 것이죠. 덕분에 우리가 사는 세상이 조금 더 따뜻하고 행복하게 바뀌는 중이랍니다.

어린 시절, 닮고 싶은 롤 모델(Role Model)이 있다는 것은 중요합니다. 우연히 읽은 책 한 권이 그 사람의 인생을 결정지을 수도 있는 것처럼 말이죠. 역사를 돌아보면 자신이 맡은 분야에서 세상을 변화시킨 위대한 인물이 많이 있어요. 세상은 이들을 파워 피플(Power People)이라 부르기도 합니다. 우리 삶에 영향을 끼친 인물이란 뜻이죠.

〈Why? People〉 시리즈는 역사와 현재 속에 살아 숨 쉬며, 수많은 이들의 롤 모델이 된 국내외 파워 피플의 일대기를 재미있게 소개합니다. 귀 기울여 들어 보세요. 미래의 내 모습이 거기에 있을 수도 있어요. 그리고 먼 미래에 나는 또 누군가의 롤 모델이 되어 있을 수도 있으니까요!

동국대학교 국어교육학과 교수 윤재웅

등장 인물

에이브러햄 링컨

가난한 개척자의 아들로 태어났지만 노예 해방으로 우뚝 선, 민주주의의 상징이라 할 수 있는 대통령이다. 분단된 미국의 단합을 이끌어 내고 인권을 무시하는 노예제를 없앤 그의 공적은 시대를 초월해서 전 세계 사람들의 칭송을 받고 있다.

존 스튜어트

링컨을 변호사의 길로 인도한 유능한 변호사이자 정치가 동료. 링컨이 변호사가 되기 위한 법률 공부를 하는 데에도 도움을 주고 정치가로서 자리를 잡아 가는 데에도 조언을 아끼지 않았다.

메리 토드 링컨

링컨의 아내. 다소 직설적이고 불 같은 성격을 지녀 링컨과 자주 마찰을 빚었지만 늘 링컨의 곁을 지키며 내조했다.

스티븐 더글러스

민주당 상원의원으로 링컨의 정치적 맞수. 둘은 평생 정치적 견해를 놓고 대립했지만 링컨이 대통령이 된 후에는 함께 남북 전쟁을 끝내기 위해 노력했다.

윌리엄 헌든

링컨보다 아홉 살 적은 변호사. 휘그당원 가운데 리더 격으로 링컨이 대통령이 될 때 든든한 지원자가 되어 주며 우정을 쌓았다.

차례

시대와 인물

역지사지 | 라이벌 & 서포터 | 인물 스케치 | 용어 해설 | 교과 연계표

시대와 인물

억압받는 흑인들의 처절한 몸부림, 19세기 링컨의 노예 해방 시대

영국의 식민지였던 미국은 1775년에 시작된 영국과의 전쟁에서 승리해서 독립 국가를 이루었다. 이후 미국은 급격한 발전을 거듭했는데 이 과정에서 많은 인디언이 학살당하거나 쫓겨났다. 이후로도 미국은 영토 확장을 위해 멕시코 전쟁을 벌이는 등 타국과 끊임없이 마찰을 빚었다. 하지만 무엇보다도 가장 큰 문제는 노예제였다. 당시 미국은 노예제 찬반을 놓고 수십 년간 남과 북이 대립하다가 결국 남부 주들이 연방에서 탈퇴하는 등 심각한 몸살을 앓고 있었다. 비윤리적인 노예제를 반대하던 링컨은 대통령이 된 후 노예 해방 선언문을 발표하고 헌법까지 수정해 결국 노예들을 해방했다. 역사상 위대한 대통령은 많았지만 링컨은 그 누구보다도 애정과 연민을 지닌 따뜻하고 정직한 대통령이었다. 미국의 분열을 막고 노예를 해방하기 위해 한평생을 헌신한 그는 진정한 민주주의가 무엇인지에 대해 해답을 제시한 인류의 위대한 스승이었다.

하나! 서부 개척 시대

서부 지역 황무지를 개척하기 위해 떠나는 개척민들

18세기 후반, 영국으로부터 독립했을 때만 해도 미국의 영토는 동부의 대서양 연안에 한정되어 있었다. 이후 1803년, 프랑스로부터 루이지애나를 헐값에 사들인 것을 시작으로 미국의 영토는 미시시피 강을 건너 서쪽으로 계속 넓어졌다. 이때 유럽에서 신대륙인 미국으로 사람들이 이주하기 시작했는데, 서부는 동부와 달리 아직 농사를 지을 만한 땅이 별로 없었기 때문에 동부에만 발전이 치우치게 되었다. 그로 인해 미국 정부는 서부를 개척할 필요성을 절감하고 국민들에게 서부 이주를 권장했다. 이후 새로이 미국에 발을 들여놓은 이주민들은 저렴한 땅과 금을 찾기 위해 서부 지역을 개척하기 시작했다.

둘! 노예 제도의 마찰

1861년 버지니아 흑인 노예 시장

미국의 노예 제도는 18세기에 이루어진 미국의 경제적 발전과 지역별로 차이가 심한 산업 구조 때문에 생겨났다. 당시 미국 북부는 대도시와 공장 지대가 많아 산업이 발전한 반면, 남부 지역은 농업이 성행해 대농장이 많았다. 남부는 부족한 일손을 보충하기 위해 아프리카 중남부로 원정을 가 뇌물과 무력으로 흑인들을 짐짝처럼 배에 태워 돌아왔다. 이렇게 끌려온 흑인 노예들은 짐승보다도 못한 취급을 받으며 하루 종일 목화 및 각종 농산물을 재배했다. 당시 이런 부조리한 악습에 반대했던 북부와 찬성했던 남부는 심각한 갈등을 겪고 있었는데 1865년, 결국 링컨에 의해 노예 제도를 폐지하는 수정 헌법이 통과되어 노예들은 자유의 몸이 되었다.

셋! 미국의 시련, 남북 전쟁

남북 전쟁 중 1863년 11월에 벌인 채터누가 전투

노예 제도 폐지를 주장하는 링컨이 제16대 대통령이 되자 사우스캐롤라이나 주를 비롯한 남부 11개 주가 연방에서 탈퇴하고 남부 연합을 결성해 북부와 맞섰으며 결국 1861년 4월, 남부군이 섬터 요새를 공격하면서 남북 전쟁이 시작되었다. 전쟁 초기에는 로버트 리 장군을 중심으로 한 남부군이 우세했으나 링컨의 노예 해방 발표로 전세가 유리해진 그랜트 장군의 북부군이 점점 승리를 거두어 1865년, 마침내 북부가 전쟁을 승리로 이끌었다. 그로써 연방은 보존되었으며 노예 제도가 폐지되는 결과를 가져왔다. 하지만 양측의 사상자만 약 100만 명에 달했고, 그중 사망자는 약 50만 명이라는 참혹한 대가를 치러야 했다.

엄마, 일어나! 죽으면 안 돼!
여보, 정신 차려요!
여기 한 남자에게 주목하자. 그는 어릴 적 어머니와 누나를 잃었다.
에이브, 오늘은 학교 가지 말고 밭일을 좀 도와야겠다.
알겠어요.
그리고 학교를 1년도 채 다니지 못했다.
1832년, 그는 잡화점을 경영하다 파산해 빚을 갚는 데만 무려 17년의 세월이 걸렸다.
어서 돈을 갚으란 말이야!
시간을 주시면 이자까지 쳐서 드릴게요.
그는 주의회 의원 선거에서 낙선했고,
첫술에 배부를 수는 없지. 하지만 아쉬운걸.

미끄러졌을지언정
떨어진 것은 아니야.
다시 시작하면 돼.
또한 두 번의 상원의원과 부통령 후보
선거에서도 줄줄이 낙선했다.
너를 지켜 주지
못했구나. 정말
미안하다.
그리고 두 아들까지 잃었다.
더 이상 추락할 곳도 없을 만큼 암울했던 그 사람, 그는 자기 이름을 항상 에이브러햄 링컨이라고 서명했다.
오늘날까지 미국인들이 가장 좋아하는 대통령 중 한 명인 링컨은 바로 그런 삶을 살았다.

하지만 시련은 계속되었다. 대통령 재임 시절 링컨보다 더 맹렬한 공격을 받은 공직자는 없었다.
어떻게든 나라가 갈라지는 사태만은 막아야 합니다.
남부 주들이 줄줄이 연방에서 탈퇴하고 있습니다.
미국 역사상 가장 치열했던 남북 전쟁을 겪는 동안 그는 가장 인기 없는 대통령이기도 했다.
전쟁이 언제 끝날지도 모르고. 링컨은 도대체 뭘 하는 거야?
아무래도 대통령을 잘못 뽑은 것 같아.
하지만 어떠한 탄압에도 그는 두 가지 사명을 이루기 위해 헌신했다. 하나는 미국의 분열을 막는 것이었고, 또 하나는 노예제를 폐지하는 것이었다.
노예는 개인 소유물이나 마찬가지입니다.
전쟁을 끝내려면 노예제 폐지 주장을 그만둬야 합니다.
노예에게 자유를 준다고 미국이 갈라지는 일은 절대 없어야 합니다.

노예들은 지금 이 순간,
그리고 앞으로 영원히
자유를 얻었음을 선포한다.
미국 정부는 그들의 자유를
인지하고 수호할 것이다.
마침내 링컨은 떨리는 손으로 역사적인 서명을 했다.

노예 해방의 아버지 링컨, 수많은 실패와 좌절 속에서도
변하거나 흔들리지 않는 애국심으로 진정한 민주주의가
무엇인지 몸소 실천했던 그를 지금부터 만나 보자.

1 통나무집 소년

1817년 한겨울, 링컨의 아버지는 양식을 위해 사냥을 나섰다.
에이브, 조용히 아빠를 따라와.
살금
저 노루를 잡는 거야. 잘 봐라.
척
앗!

잠깐만요, 아빠! 새끼들이 있잖아요!
탕
퍽
하하! 성공했어.
아, 너무 불쌍해!
아빠, 너무해요. 새끼들도 있는데 엄마 노루를….
그렇다고 그냥 보내면 우리가 굶게 돼. 자, 어서 가자.
불쌍해! 어미를 잃은 저 새끼들은 어떻게 될까?
사냥이 이렇게 비참할 줄이야.
훌쩍
훗날 링컨이 평화를 위해 일했던 것은 이런 사소한 일에서부터 시작되었죠. 어린 시절 링컨의 생활이 어땠는지 지켜보시죠.

1809년 2월 12일 새벽, 미국 켄터키 주 호젠빌 근처에서 링컨은 태어났다.
응애
응애
하느님, 감사합니다.
와, 예쁜… 동… 생.
아기 이름을 뭐라고 할까요?
에이브러햄 링컨이 어떻겠소?
링컨의 아버지는 서부 개척자였던 할아버지의 이름을 따서 아들의 이름을 지었다.
좋아요. 에이브러햄(아브라함)은 성경에 나오는 인물 중 내가 가장 존경하는 '믿음의 조상'이기도 하니까요.
나도 좋아.
에이브, 너는 나중에 반드시 큰 인물이 될 거야.

*황무지 : 손을 대어 거두지 않고 내버려 두어 거친 땅
*개척민 : 어떤 지역을 개척하기 위하여 이주한 사람

2년 후, 아버지의 바람대로 농사가 잘되어 많은 수확을 거뒀다.
다행이야.
올해는 옥수수가 잘 자랐네요!
당시 농사일로 바쁜 부모님을 대신해 누나가 링컨을 돌보았다.
에이브, 누나랑 소젖 짜러 가자!
누나 하는 거 잘 봐.
네가 도와주니까 금방 끝났네.
히히!
바쁜 와중에도 어머니는 일이 끝나면 링컨에게 여러 이야기를 들려주었다.
어머니는 글을 잘 몰랐지만 더듬거리며 성경을 읽어 주었다.
오늘은 삼손 이야기를 들려줄게!
빨리 읽어 줘요!
삼손이 잠든 사이에 블레셋 군대는 긴 머리카락을 자르고 그를 잡아들였어요.
나쁜 사람들이야!

그 후 삼손은 눈이 멀어 신전으로 끌려왔어요. 그리고 마지막 힘을 다해 신전을 무너뜨렸지요.
불쌍해!
어머니에게서 들은 성경 이야기는 링컨의 지적 호기심을 자극했다.
쓰윽
엄마, 나도 삼손처럼 용감한 사람이 될래요.
그래, 넌 꼭 그렇게 될 거야.
한 해 두 해 세월이 흘렀고, 어머니의 가르침을 받으며 링컨은 무럭무럭 자랐다. 그사이 링컨네 농장은 양과 돼지도 키울 만큼 넓어졌다.
워워
아빠, 나도….
여보, 사라와 링컨을 학교에 보내면 어떨까요?
인근에 학교가 세워졌다는 얘긴 들었소만.
그럴 여유가 어디 있소? 돈도 부족하고 일손도 모자란걸.
우리는 못 배웠지만 아이들은 제대로 된 교육을 받았으면 해요.

그래야
큰사람이 되죠.
생각을 좀
해 봅시다.
교육의 필요성을 느낀 어머니의 설득 끝에 오누이는 학교에 가게 되었다.
난 반드시 아이들을
훌륭한 사람으로
만들겠어요.
돌발 인터뷰
아이들을 왜
학교에 보내지
않으시려는 거죠?
나는 아들을 훌륭한 농사꾼으로 키우고
싶었어요. 공부를 하지 않아도 농사꾼이
되는 데는 문제가 없거든요.
그런데 왜 마음을
바꾸게 되었죠?
사실 나도 배우지 못해 답답한
점이 없지 않았어요. 공부를 한다면 더
훌륭한 농사꾼이 될 수 있지 않을까
싶었고 당시에는 1년 내내 학교를 가는 것은
아니었으니 보내도 괜찮을 거라 생각했지요.
Why? people interview
오누이는 3킬로미터라는 먼 거리를 걸어 학교를 다녔다.
잘 다녀와.
학교라고 해 봐야 볼품없는 통나무집이었다.
하나, 둘…
ABC….

*포장마차 : 비바람, 먼지, 햇볕 등을 막기 위하여 포장을 둘러친 마차

따각
엄마, 저 사람들은 마차를 타고 어디로 가는 거예요?
따각
응, 저 사람들은 넓은 들이 있는 서쪽으로 가는 거야. 새로운 땅을 개척하기 위해서지.
개척이요?
그래, 개척은 거친 땅을 논이나 밭처럼 쓸모 있는 땅으로 만드는 걸 말해. 우리처럼 말이야.
1800년대부터 유럽에서 미국으로 이주하는 사람들이 늘어났다.
이들은 신대륙이 살기 좋다는 말을 듣고 미국 서부에 정착하기 위해 줄지어 이동한 것이었다.
달가닥 달가닥
그래서 하루에도 몇 번씩 포장마차가 링컨 집 주위를 지나갔는데 링컨은 그 모습이 신기할 따름이었다.
나도 저 포장마차 한번 타 보고 싶다.

Abraham Lincoln

보스턴 차 사건

미국의 독립

17세기의 미국은 13개의 자치주가 영국의 지배를 받는 식민지였다. 하지만 영국 동인도 회사가 차 수출의 독점권을 갖게 된 것에 반발한 미국 상인들이 1773년 보스턴에서 동인도 회사의 차 상자를 바다에 던져 버린 '보스턴 차 사건'이 일어나기도 했다. 결국 1775년, 보스턴 근교에서 식민지의 독립을 주장하는 군대와 영국군 사이에 무력 충돌이 일어났다. 처음에는 식민지 측이 불리했지만 프랑스와 에스파냐 등의 지원 덕에 결국은 식민지가 승리를 거두고 정식으로 독립을 승인받았다.

아저씨,
다른 이야기도
해 주세요!
에이브,
손님도 이제
쉬셔야지.
배움에 갈증을 느꼈던 링컨에게
개척민들은 지식의 창고였다.
1816년 겨울
에이브,
우물에 가서 물 좀
길어 와라.
알겠어요.
큰일 났어!
무슨
일이에요?
벌컥
관청에서
이 땅이 우리 소유가
아니라는군.
그게 무슨
소리예요?
아빠가
열심히 일해서
산 땅이잖아요?
사기를 당한 것 같구나.
글을 몰라 확인 없이
서명을 했더니만….
저런!
개척이 한창이던 당시, 사기꾼들은 농민들이 글을 모르는 점을
악용해 사기를 치곤 했다.
서명만 하면
여긴 당신
땅이오.
정말이지요?

아빠, 이대로 땅을 빼앗길 건가요?
일단 다시 한 번 이야기를 해 봐야지. 이웃들도 내가 이 땅 주인인 걸 알고 있으니까.
이 일이 있은 후 링컨은 배움이 얼마나 중요한지 깨달았다.
아빠가 읽고 쓸 줄만 아셨더라도!
온갖 노력에도 불구하고 결국 땅을 빼앗기고 만 아버지는 이사를 결심했다.
이곳 말고도 땅은 얼마든지 있으니 다른 곳에 정착합시다.
저도 좀 알아봤는데 인디애나는 토지 소유권을 확실히 보장해 준다고 하네요.
그해 겨울, 링컨의 가족은 150킬로미터를 달려 인디애나로 향했다.
한 달여의 기간은 링컨의 기억 속에 가장 힘든 여정으로 남았다.
휘이이잉

긴 여행 끝에 그들은 오하이오 강 상류인 스펜서에 보금자리를 마련했다.
일단 임시로 지낼 집을 지어야겠다.
저도 도울게요.
물을 흘리지 않게 조심조심….
집이 지어지기 전, 가족은 곰 가죽을 뒤집어쓰고 혹독한 추위를 견뎌야 했다.
이듬해 봄, 아버지는 본격적으로 땅을 일구기 시작했다.
휴, 덤불과 굵은 나뭇가지들을 치우는 데 한나절이 걸리네.
잘 자랄 수 있도록 기도해야겠어요.
하느님이 도와주실 거야.
링컨의 바람대로 여름이 되자 곡식은 잘 자랐고, 농장의 가축은 늘었으며 집도 넓어졌다.
어때, 마음에 드니?
네.

*우유질병 : 독초를 먹은 소의 젖을 마시면 걸리는 중독성 질환

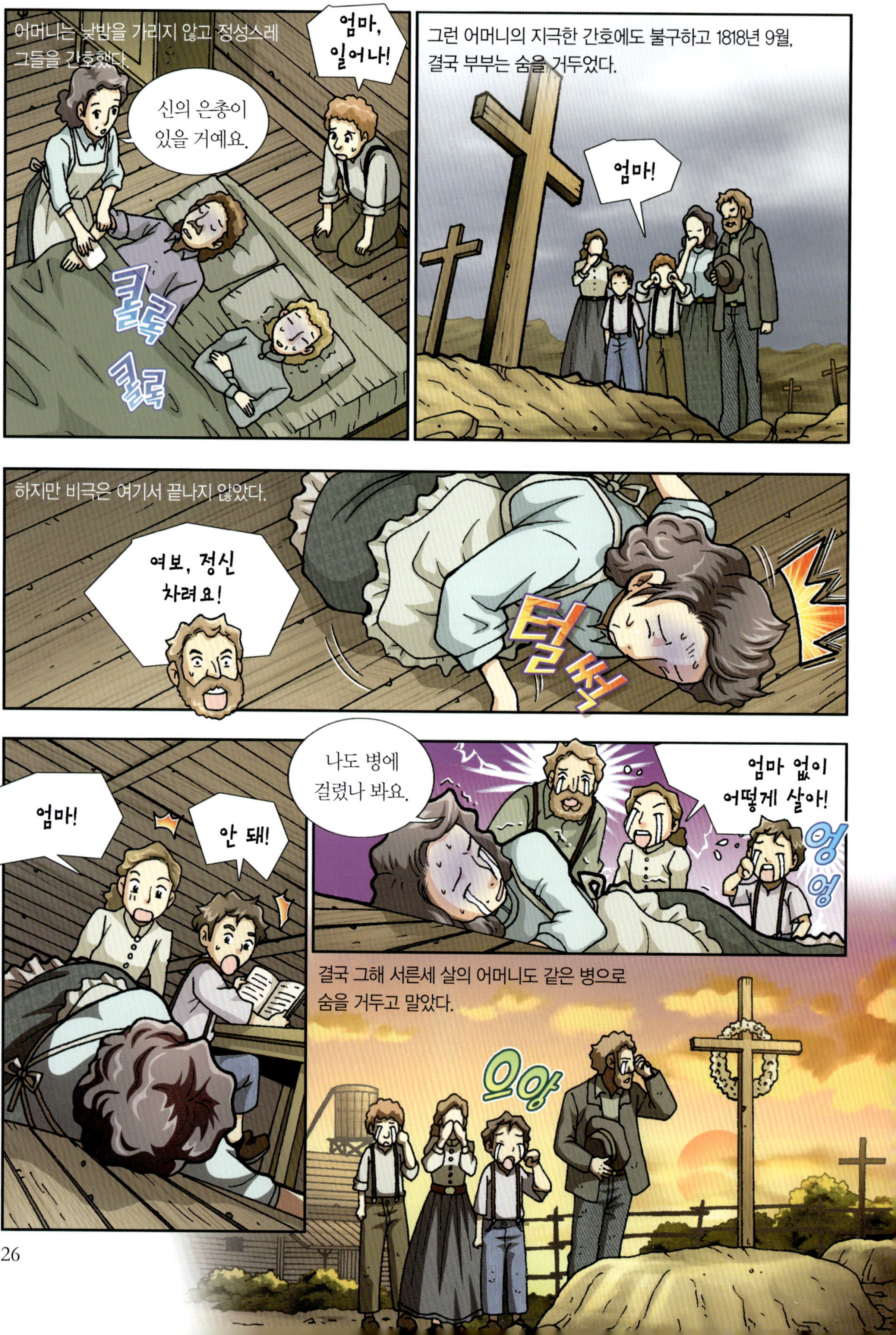

어머니는 낮밤을 가리지 않고 정성스레 그들을 간호했다.
엄마, 일어나!
신의 은총이 있을 거예요.
콜록
콜록
그런 어머니의 지극한 간호에도 불구하고 1818년 9월, 결국 부부는 숨을 거두었다.
엄마!
하지만 비극은 여기서 끝나지 않았다.
여보, 정신 차려요!
털썩
엄마!
안 돼!
나도 병에 걸렸나 봐요.
엄마 없이 어떻게 살아!
엉엉
결국 그해 서른세 살의 어머니도 같은 병으로 숨을 거두고 말았다.
으앙

그해 여름, 인디애나 주 일대에서는 우유질병으로 링컨의 어머니를 비롯한 수많은 개척민들이 목숨을 잃었다.
이후 열한 살이던 사라가 어머니의 빈자리를 채웠다.
아내가 없으니 애들이 고생이구나.
1819년, 아버지는 중대한 결심을 했다.
얘들아, 새어머니가 생기면 어떨 것 같니?
하늘에 계신 엄마한테는 미안하지만 새엄마가 계시면 제 일이 좀 줄어들 것 같아요.
맞아요. 누나가 너무 힘들어 해요.

그해 12월, 아버지는 고향에 잠시 돌아가 새어머니 사라와 그녀의 자식 세 명과 함께 돌아왔다. 사라도 남편을 잃은 몸이었다.
기다렸지?
인사해라, 새어머니 사라야.
얘들아, 안녕.
앞으로 우리와 같이 지낼 아이들이다. 사이좋게 지내라.
반가워!
새어머니의 인자한 웃음을 보고 링컨은 마음이 놓였다.
힘들겠지만 앞으로 나를 친엄마처럼 대하면 좋겠어. 내가 너희를 위해 최선을 다할게.
하하하
새어머니는 성격이 명랑하고 상냥했다.

저런,
바지 무릎이 다
찢어졌네.
에이브,
다른 바지는
없니?
괜찮아요.
이걸로도 충분해요.
엄마를 일찍
여의고 얼마나
힘들었을까?
이참에
에이브 바지를 몇 벌
만들어야겠다.
에이브, 자
입어 봐!
스윽
고, 고맙습니다.
어머, 잘
맞는구나!
새어머니는
나를 정말 친자식처럼
대해 주시네. 나도 앞으로
더 잘해 드려야겠어.

새로운 가족이 생긴 뒤부터 집안에는 웃음소리로 가득했다.
하하하
호호호
와! 어머니, 이 책 봐도 되나요?
그럼. 마음껏 읽어.
그날부터 링컨은 독서에 빠졌다.
에이브!
내 말 안 들려?
고독과 역경에 맞서 싸우는 로빈슨 크루소의 삶은 정말 멋져!
오늘은 여기까지만 읽자.
쯧쯧, 학교를 못 가더니 이젠 책에 빠져 버렸군.
어이, 책벌레~ 그렇게 책만 보고 걷다간 넘어진다고!

이 책에는 다양한 이야기가 있구나.
책이 저렇게 좋을까?
캬 캬 캬
1822년, 마을에 작은 학교가 생겼다. 새어머니는 평소 책을 좋아하던 링컨을 학교에 보내야겠다고 생각했다.
SCHOOL
새로 생긴 학교는 너무 멀잖아!
에이브도 열세 살이니 공부를 시켜야 해요.
학비도 만만치 않은데 어쩔 셈이오?
제가 벌어서라도 보낼 테니 그런 줄 아세요.
새어머니는 링컨의 인성을 기르고 지식을 키워 준 훌륭한 스승이었다.
에이브, 내일부터 다시 학교에 가는 거야. 조금 멀어도 잘 다닐 수 있지?
정말요?
이후에도 집안일을 돕느라 학교를 다닌 날이 통틀어 1년도 채 되지 않았지만 링컨은 행복했다.
새어머니는 참 따뜻한 분이셔.
SCHOOL

2

책벌레 에이브

독서왕

1826년, 켄터키 주 법정
판사님, 이 사람은 허가도 없이 오하이오 강에서 영업을 하고 있었습니다.
이건 엄연한 위법입니다!
당신은 저들 말대로 허가증 없이 영업을 했습니까?
저는 정말 몰랐습니다.
씨익
애석하지만 그건 변명이 될 수 없습니다. 켄터키 주 법에 따라 벌금과….
잠깐만요!

제가 본 법률 책에서 허가증은 켄터키 주와 인디애나 주의 기슭을 오갈 때에만 필요하다고 했습니다.
그런데요?
하지만 저는 육지에서 강 중간의 배까지만 손님을 모셨을 뿐이니 켄터키 주를 한 번도 침범한 일이 없습니다.
척
뭐야?
그리고 인디애나 주 사람인 제가 왜 켄터키 주 법에 따라 처벌을 받아야 하나요?
불끈
당신은 현재 인디애나 주에 살고 있습니까?
네. 그렇습니다.
끄덕
당당하고 정확한 반론에 판사는 잠시 말을 잃었다.
그렇다면
뒤적 뒤적
이런 경우 특별히 허가증이 필요 없을 뿐만 아니라 인디애나 주에서 영업을 한 것으로 인정되므로 무죄입니다!
감사합니다!
땅 땅
이런!
어린 나이였지만 링컨은 설득력 있게 말을 잘했어요. 오죽하면 제가 법률을 공부해 보라고 권했을까요. 성실하고 부지런한 청년 링컨을 만나 보시죠.

집안일을 도우며 자란 링컨은 1824년, 어느덧 열다섯 살이 되었다.
당시 제임스 젠트리라는 사람이 마을 중심가에 큰 상점을 차렸다.
GENERAL STORE
실례합니다.
무슨 일이시죠?
아드님이 에이브지요?
그렇습니다만….
우리 가게 점원으로 아드님을 고용했으면 해서요.
제 아들을 어떻게 아시죠?
링컨은 항상 성실하고 예의가 발라 마을 사람들의 신임을 얻고 있었다.
마을 사람들이 하나같이 아드님을 추천하더라고요.
아, 네!
우리 에이브가 유명 인사가 됐군.

통나무집 만드는 일을 거들며 품삯을 받던 링컨은 젠트리의 제안을 받아들여 상점 점원으로 일하게 되었다.
무엇보다 상점에선 손님이 없을 때 책을 마음껏 읽을 수 있다는 장점이 있었다.
딸랑
어서 오세요.
시간 날 때마다 책을 읽고 있군. 정말 훌륭한 자세야.
10% SALE
별말씀을요.
사실 올 때마다 한번 말하려고 했는데 말이지.
원한다면 내가 가지고 있는 책을 빌려 주지.
정말요?

Abraham Lincoln

THE
Pilgrim's Progrefs
FROM
THIS WORLD,
TO
That which is to come:
Delivered under the Similitude of a
DREAM
Wherein is Difcovered,
The Manner of his fetting out,
His Dangerous JOURNEY,
AND
Safe Arrival at the Defired Country.
By JOHN BUNYAN.
The Third Edition, with Additions.
I have ufed Similitudes, Hofea, 12.10.
Licenfed and Entred according to Order.
LONDON,
Printed for Nath. Ponder, at the Peacock
in the Poultrey near Cornhil, 1679.

천로역정

천국에 이르는 여정이라는 뜻. 17세기 영국의 작가이자 침례교 설교가인 존 버니언의 작품이다. 등장인물의 이름을 수다쟁이, 게으름, 허영, 그리스도 인 등으로 지은 우화 형식의 종교 소설이다. 그리스도 인이 멸망을 앞둔 장망성을 떠나 천국을 향해 여행을 하는 내용이다.

그러던 어느 날
GENERAL
여기 거스름돈 입니다.
안녕히 가세요.
고맙네.
어? 손님이 책을 놓고 가셨네. 〈워싱턴 전기〉라….
두리번
두리번
손님!
책을 놓고 가셨어요!
이런, 고맙네.
손님, 그런데 이 책 좀 빌려 주시면 안 될까요?
그 책 어려운데 읽을 수 있겠어?
워싱턴 전기
〈워싱턴 전기〉를 빌린 링컨은 책에 푹 빠져 버렸다.
조지 워싱턴은 뛰어난 천재는 아니지만 겸손하고 신중한 정치인이야.

링컨은 시간 가는 줄 모르고
책에 집중했다.
어떤 어려움이
있어도 원칙을
저버리지 않는 의지를
본받아야 해.
아, 시간이
얼마나 됐지? 아쉽지만
내일 일하려면 이제
자야지.
아함
톡
톡
쏴아아아
으악, 큰일이다!
밤새 비가 와서
책이 다 젖었잖아!
내 책도 아닌데
어쩌지? 똑같은 책을
구할 수도 없고….
긁적

죄송합니다.
어렵게 빌려 주신
책인데 밤새 내린
비에 젖었어요.
이런, 책이
완전 못 쓰게
됐네.
링컨은 자초지종을 이야기하며
책 주인에게 양해를 구했다.
제가 책값을
드릴 형편은 못 되니
책값 대신 일을 해
드리겠습니다.
괜찮네.
일부러 그런 것도
아니잖나.
아닙니다.
내일부터 사흘
동안 가게 마치고
올 테니 일을
시켜 주세요.
고집이
보통이
아니군.
책 주인의 만류에도 불구하고 링컨은 열심히 일을 했다.
나이도 어린데
기특한 친구야.
사흘 후
그동안 고생했네.
이 책은 그냥
자네가 갖게.
정말요?
감사합니다!
곁에 두고
두 번 세 번
읽어야지.
워싱턴 전기
꼬옥

돌발 인터뷰
평소 주로 어디서 책을 구해 읽었나요?
당시 저에겐 책이 많지 않아서 심부름을 간 집에 만약 못 보던 책이 있으면 사정을 하고 전부 빌려 읽었어요. 아마 마을에 있는 책들은 제가 죄다 빌려 읽었을 거예요.
가장 감명 깊고 재미있게 읽은 책은요?
〈천로역정〉을 비롯해 〈워싱턴 전기〉와 〈로빈슨 크루소〉 〈성경〉 〈이솝우화〉 입니다. 〈성경〉과 〈이솝우화〉는 훗날 말하는 방법과 토론하는 방법에 영향을 미쳤고, 〈천로역정〉은 연설문을 작성할 때 도움이 되었습니다.
독서왕
Why? people interview

책을 많이 읽은 덕분에 링컨은 말솜씨도 탁월했다.
이 농기구를 사시면 재미있는 이야기를 덤으로 들려 드리죠.
좋아!
링컨의 이야기를 듣다 보면 어느새 시간이 훌쩍 가곤 했다.
GENERAL STOR
그다음 이야기는 나중에 또 오시면 들려 드릴게요.
에이, 아쉽구먼. 내일 또 오세.
벌써 시간이 이렇게 됐어!
다음 날
딸랑
어, 에이브는 어디 갔소? 이야기 들으러 왔는데….
지금 배달 갔는데요. 뭐가 필요하신가요?
아니요. 에이브가 올 때까지 기다리지.
역시 내가 점원 하나는 제대로 두었어.

상점이 점점 번창하자 젠트리는 여기저기 링컨을 자랑하고 다녔다.
AL STORE
자네, 얼굴이 좋아 보여.
하하
그런가요?
요즘 에이브 덕분에 매상이 많이 올랐거든요.
그럴 줄 알았어. 그 청년 참 성실하더군.
와야 할 때가 지금이라면 앞으로 오지 않을 것이요, 오지 않을 것이면 지금이 그때인 것이지.
$3.50
$2
링컨은 책을 읽을 때마다 좋아하는 구절이 나오면 바로 메모를 했다.
햄릿의 이 대사는 마음에 드니 적어 두어야겠어.
링컨은 메모들을 가지고 다니며 수많은 시와 연설을 암기할 때까지 읽고 또 읽었다.
친구들이여! 로마 인들이여! 제발 제 말에 귀를 기울이십시오!

에이브,
여기 있었구나.
아저씨께서
웬일이세요?
아들이 보낸
편지에 답장을 써야
해서 널 찾았단다.
말씀해 보세요.
제가 써 드릴게요.
글을 읽고 쓸 줄 알았던 링컨은
마을 사람들의 눈과 귀가 되어 주었다.
이 계약서가 제대로
된 건지 모르겠어.
어디 제가
한번 볼게요.
어느덧 링컨은 마을에서 이야기꾼으로 유명해졌다.
미국의 헌법과
국민의 권리를
수호할 것을
맹세합니다.
하하, 정말
정치가 같아.
말 참 잘하네!
게다가
웃기기까지 해!

*증기선 : 증기 기관의 힘으로 움직이는 배

뿌우
뿌우
저 배가 마지막이니 오늘은 그만 들어가야겠어.
이보게, 총각!
떠나려는 저 배까지 우리를 좀 데려다 주게.
시간이 없네.
좋습니다. 타세요!
가 볼까!
첨벙
으랏차차!
팍팍팍팍
힘들다!

고맙네.
자, 여기 품삯일세!
2달러?
이렇게나 많이
안 주셔도 돼요!
넣어 두게. 자네
아니었으면
큰 손해를
볼 뻔했어.
짐을 운반하고
받는 돈이 겨우 30
센트인데 이렇게
많은 돈을….
얼마 후 링컨은 직접 배를 만들기 시작했다.
배 만드는 일이야
쉽게 할 수 있지. 나도
사람을 태워 돈 좀
벌어야겠어.
뚝딱
뚝딱
뚝딱
이 정도면
훌륭해.
어디, 사람들이
많이 모일 만한
곳으로 좀 이동해
볼까?
슥
당시만 해도 기차가 없어 많은 사람이
교통수단으로 배를 이용했다.
저기가
좋겠군!

키가 장대만 한 걸 보니 힘세게 생겼군.
안전하게 모셔다 드리겠습니다!
도착했습니다. 즐거운 여행 되세요.
꾸벅
수고했소!
이봐!
응?
켄터키 주 쪽 손님이네. 굉장히 급한 일인가 보군. 어서 가 보자.
첨벙
무슨 일이죠?
촤악
윽!
쿵
왜 남의 구역에서 영업을 하는 거야?
여기에서 영업을 하려면 허가증이 있어야 하는데 갖고는 있어?

난 그런 거 몰랐어요!
네가 하는 짓은 엄연한 불법이야!
덥석
아저씨들이 뭔데 이래라 저래라예요!
탁
해보겠다는 거야?
어디, 내 말이 틀린지 잡자코 따라와 보시지.
난 죄가 없어요!
덥석
결국 링컨은 법원으로 끌려갔다.
켄터키법원
저는 인디애나 주에서만 영업을 했습니다. 단 한 번도 켄터키 주에서 영업을 한 적이 없습니다.
인정하오!
땅 땅
주마다 법이 달랐던 터라 법원은 인디애나 주 법에 따라 링컨의 손을 들어 주었다.
링컨의 인상적인 모습을 눈여겨본 판사는 재판 후 조언을 아끼지 않았다.
감사합니다.
자네라면 법을 공부해서 훌륭한 판사가 될 수 있을걸세!

*적출항 : 배에 화물을 싣는 항구

*평저선 : 밑바닥이 평평한 배

3 더 넓은 세상으로

1831년, 일리노이 주 뉴세일럼
GENERAL STORE
오늘은 옥수수 가루를 사러 왔네.
아! 그보다 손님, 어제 사 가신 홍차를 제가 덜 드렸어요.
덜 주다니. 그게 무슨 말인가?
아침에 가게 문을 열고 정리를 하다가 알았어요.
CORN
BLACK TEA
저울 눈금이 0이 아니라 50을 가리키더라고요.
죄송해요. 제가 덜 드린 홍차 50그램 더 가져가세요.
자네는 역시 정직해!

어, 오늘 결산은
왜 이렇게 안 맞지?
왜 6센트가 남을까?
잔돈이
없으니 좀 있다
드릴게요.
그래! 낮에
줄리 할머니께
거스름돈을
안 드렸구나!
이럴 때가
아니지!
후다닥
할머니,
저 오펏 상점의
에이브예요!
총각이
웬일이야?
제가 실수로 낮에
거스름돈을 안 드려서
가져왔어요. 죄송해요.
그것 때문에
이 먼 길을 온
거야? 다음에
줘도 되잖아.
아니에요. 오늘
잘못된 것은 오늘
바로잡아야지요.
링컨은 마을에
소문이 자자할 정도로
정직하고 성실했어요.
그의 성장 과정을 계속
지켜봐 주세요.

앨런과 뉴올리언스로 떠난 지 며칠이 지나자 배는 미시시피 강으로 들어섰다. 링컨은 넓은 세상을 보자 가슴이 뚫리는 듯했다.
떠난 지 벌써 사흘이야.
갈수록 세상이 넓어지는 느낌이구나!
우리 오늘은 저곳에다 배를 대 놓고 자자.
그래, 좋아.
샤샤샥
꼼짝 마! 가진 거 다 내놔라.
쿠당탕
뭐야? 당신들!
도적이다!
벌떡

윽!
부욱
윽!
쿠당
으윽!
에이브, 총으로 쏴 버려!
알았어!
뭐? 총이 있었어?
어서 도망가자!
서둘러!
후다닥
결국 이들은 순발력을 발휘해 도적을 물리쳤다.
괜찮아?
여긴 위험한 곳이야. 어서 떠나자.
우여곡절을 겪으며 항해를 계속하던 두 사람은 도중에 농장에 들러 뉴올리언스에서 잘 팔리는 담배, 목화, 설탕 등을 물물교환으로 손에 넣었다.
콩과 옥수수를 설탕이랑 교환하면 좋겠어요.
그렇게 합시다.

길고 긴 항해 끝에 그들은 마침내 뉴올리언스에 도착했다. 뉴올리언스 항구는 미시시피의 거대한 골짜기에서 생산되는 농산물이 모여드는 최대의 시장이었다.
웅성
웅성
정말 대단하다. 세상에!
이렇게 넓은 곳이 있을 줄은 몰랐어.
완전 딴 세상이야.
통나무집에서만 살던 링컨에게는 모든 것이 신기했다.
두리번
두리번
그동안 너무 세상과 담을 쌓고 살았구나.

어, 뭐지?
웅성 웅성
웅성
헉!
앨런, 잠깐 가 보고 올게.
그래, 알았어.
이 노예는 힘도 장사고 아주 튼튼하죠!
550이요!
600 달러요!
650!
650에 낙찰!
빵
세상에, 이럴 수가!

다음은
이 여자 노예입니다.
이 노예를 사면
아이까지 덤으로
얻습니다!
어라, 이게
미쳤나?
노예 시장의 참상을 지켜본 링컨은 큰 충격을 받았다.
어디서
반항을 해!
짝
짝
오! 하느님.
노예 제도는 18세기 미국의 경제 발전 및 산업 구조가 지역별로 차이가 심했던 것이 원인이었다.
당시 남부 지방은 목화, 사탕수수 등을 재배하는 데 많은 일손이 필요했다.
일손이 턱없이
부족해.

그래서 그들은 아프리카 흑인에게로 눈길을 돌렸다.
넓은 아프리카로 가서 흑인들을 잡아오자고.
좋은 생각이야.
미국의 백인들은 아프리카 중남부로 원정을 가 아랍 인을 시켜 흑인들을 무력으로 제압하거나,
반항하는 자는 모조리 죽이겠다!
여러 가지 좋은 물건들을 갖고 가 부락을 돌며 족장에게 뇌물을 주고 흑인들을 데려왔다.
잡혀 온 흑인들은 쇠고랑에 묶여 짐짝처럼 배에 실렸다.
철컹
뭘 꾸물거리고 있나!
철컹
항해 도중 노예가 병들거나 죽으면 무참히 바다에 던져 버렸다.
에잇! 더러운 것들.
풍덩
이후 살아서 도착한 노예들은 물건처럼 시장에서 거래되었다.

팔려 온 노예들은 감시의 눈길 속에서 혹독하게 농장 일을 해야 했다.
더욱이 이들은 물건처럼 아무 때라도 사고팔거나 남에게 줄 수 있었다.
넌 이만 다른 집으로 가라!
빵
북부는 건국 이후 노예 제도를 빠르게 없앴지만 남부에서는 노예제 존속을 강력하게 주장했다.
노예제 폐지는 말도 안 되는 소리지요.
암요. 노예는 우리의 재산이나 마찬가지인걸요!
그 결과 19세기에 이르러서는 노예가 무려 400만 명 이상으로 늘어났다.
흑인도 똑같은 사람인데 어떻게 저럴 수가!
그날 본 노예 시장은 링컨의 머릿속에 평생 각인되어 노예 해방에 대한 신념을 안겨 주는 계기가 되었다.
이런 제도를 그냥 둘 수는 없어. 내가 언젠가 꼭 세상을 바꾸고 말겠어.

돌발 인터뷰
어떻게 노예로 팔려 오게 됐나요?
우리도 반발은 했지만 총칼로 무장한 노예 사냥꾼들 앞에선 어쩔 수 없었어요. 대소변도 해결할 수 없는 배 안에 꾸역꾸역 우리를 채워 넣어 미국까지 끌고 온 거예요.
하루 일과가 어떻게 됐나요?
백인들은 우리를 짐승보다도 더 참혹하게 대했어요. 우리는 새벽부터 밤늦게까지 일했지요. 농장에는 우리를 감시하는 감독이 있었고, 그들은 우리가 조금이라도 쉬면 가차 없이 매질을 했습니다.
Why? people interview
석 달에 걸친 여행 끝에 링컨은 24달러를 벌어 돌아왔다.
드디어 기나긴 여행이 끝났지만 마음은 편하지 않아.
제가 번 돈이에요. 생활비에 보태 쓰세요.
건강하게 돌아와 줘서 다행이구나.
그 무렵, 마을에 솔깃한 소문이 퍼지고 있었다.
일리노이 주에 가면 기름진 땅이 펼쳐져 있다더군.
정말인가?
당시 사촌 행크스도 일리노이 지방으로 이주해서 살고 있었다.
뭐라고 쓰여 있냐?
일리노이 주로 오라고 하네요.

1830년 이른 봄, 아버지는 결국 일리노이 지방으로 이사를 했다.
오랫동안 정든 곳인데 이제 떠나는구나.
일리노이 주 생거먼
이제 저도 스무 살이 넘었으니 독립을 해야겠어요.
이듬해 7월, 링컨은 오펏이라는 사람의 상점 점원으로 일하기 위해 뉴세일럼으로 떠났다.
그래, 너도 이제 자립할 때가 되었구나.
건강해야 한다.
뉴세일럼은 인구가 100명 남짓한 작은 마을이었다.
나갔다 올 테니 가게 좀 부탁하네.
네, 다녀오세요.
자네, 점원 정말 잘 구했더군.
오펏, 자네 나 좀 잠깐 보게.
갑자기 무슨?

응, 그 청년이 어젯밤에 우리 집에 왔지 뭐야?
왜?
우리 어머니 거스름돈을 안 드렸다며 집까지 찾아왔더군.
하하
요새 그런 청년 드물지.
이곳에서도 정직한 청년으로 사람들에게 인정받은 링컨은 저녁이 되면 마을 모임 토론회에도 참석해 정치 연설을 하곤 했다.
미국은 민주주의 국가입니다.
우리 모두가 정치에 참여해야 합니다.
말을 조리 있게 참 잘해.
아는 게 많은 친구야.
우리 스스로 자유와 권리를 지키고 행사해야만 나라가 건강해집니다.
저 친구 정말 물건이야. 여기 있기 아까워.
링컨을 눈여겨본 한 판사는 법률 공부를 할 수 있도록 책도 빌려 주었다.
자네가 법에 관심이 있는 것 같아 가져왔네.
감사합니다.

1832년 3월, 오펏의 사업 실패로 상점이 문을 닫았다.
자네한텐 미안하네.
GENERAL STORE
아닙니다. 그동안 감사했습니다.
CLOSE
뭐지?
웅성 웅성
GENERAL STORE
아, 자네군.
무슨 일이죠?
그해 8월, 일리노이에서는 주의회 선거가 있었다.
곧 선거가 열리는데 벌써부터 술렁이는군. 아, 이참에 자네가 한번 출마해 보지?
어, 그래. 자네라면 충분해.
제가요?
부조리한 노예제에 염증을 느꼈던 링컨은 출마를 결심했다.
불합리한 제도를 바꿀 수 있는 기회가 될지도 몰라.
당시 미국은 양당 정치 구조로 휘그당과 민주당이 대결을 벌이고 있었다.
휘그당
민주당
투닥 투닥
일리노이 주에서는 대통령 앤드루 잭슨을 따르는 민주당이 우세했다.
하하
이번 선거도 우리가 승리할 수 있겠지?
암, 여기는 우리 구역이야!

Abraham Lincoln

1840년도 미국 국회 의사당

미국의 양당 정치

미국의 정당은 건국 후 1790년부터 연방주의자(연방파) 대 반 연방주의자(공화파)의 구도로 출발했다. 하지만 1820년에 이르러 연방파는 몰락했고, 이후 공화파는 민주공화당을 창당해 미국은 사실상 1당 체제에 들어갔다. 그러던 중 노예제 존폐를 둘러싸고 남부와 북부의 갈등이 고조되던 1828년, 민주공화당은 노예제를 찬성하는 민주당과 반대하는 휘그당으로 분열했다.

블랙호크 전투

미국의 인디언 탄압

백인들은 아메리카 대륙의 원주민인 인디언들의 땅을 빼앗고 저항이 있으면 마을을 불태워 여자와 어린이까지 학살하는 잔학함을 보이며 끊임없이 탄압했다. 심지어 1830년에는 정부 차원에서 미국 서부의 인디언들을 인디언 보호 구역에 강제로 이주시키고 그 땅을 자신들의 영토로 삼았다.

앗, 저기 인디언이 도망간다!
꼼짝 마!
이놈을 당장 없애 버리죠.
넌 이미 죽은 목숨이야.
그때 링컨은 어릴 적 보았던 새끼 노루가 생각났다.
놈들이 마을을 쑥대밭으로 만들었단 말입니다.
안 돼. 아무리 적이라도 사람을 죽이는 건 죄야.
이 인디언을 풀어 주고 돌려보내게.
중대장님, 저들을 죽여야 합니다! 이대로 두면 안 됩니다!
링컨은 복수심도 버린 채 사랑과 온정을 베풀었다.
원수를 사랑할 줄도 알아야 해. 그것이 진정한 우리의 임무야.
너 운 좋은 줄 알아.

인디언 침입이 마무리되어 링컨이 군 복무를 마치고 돌아왔을 때는 선거가 코앞으로 다가와 있었다.
선거 준비가 많이 늦었어.
탁 탁
저는 가난한 집안에서 태어나 지금도 가난하게 살고 있습니다. 저를 추천해 줄 부자 친구도, 유명한 친척도 없습니다.
하지만 지혜로운 사람이 제게 입후보하지 말라고 한다면 너무나도 실망스러워 매우 부끄러워할 것입니다.
저 청년 말 참 잘하네.
토론회 청년이라는군.
8월 6일 선거일
마을 주민들의 응원에도 불구하고 링컨은 첫 선거에서 정치적 실패를 맛보았다.
괜찮아. 선거를 통해 많은 사람을 알았고 좋은 경험을 했어.
이후 링컨은 군 복무 중에 만난 베리와 손을 잡고 잡화 도매점을 시작했다.

그런데 얼마 후 베리는 링컨의 동의도 없이 술을 취급했다. 문제는 술을 팔면서 베리가 점점 술을 가까이하기 시작한 것이었다.
꿀꺽
여기 장사 안 하나요?
휴, 술 냄새!
죄송합니다, 손님. 뭘 달라고 하셨죠?
됐수다. 가자고!
베리, 허구한 날 뭐하는 거야?
이것만 마실 거라고!
꿀꺽
너도 한잔해!
휘청
술을 파는 게 아니었어. 내가 말리는 건데 잘못했어.
결국 가게는 망했고 링컨은 빚더미에 앉았다. 게다가 동업자 베리가 술로 세상을 떠 그의 빚까지 떠맡게 되었다.
CLOSED
빚은 1,100달러로 당시로서는 엄청난 금액이었다.
어디라도 도망가고 싶어. 이 빚을 어떻게 갚지?

법적으로 베리의 빚은 면제 받을 수 있었지만
링컨은 자신이 모든 책임을 졌다.
돈 갚으란 말이야!
시간을 주시면 베리의 빚은 물론 이자까지 모두 갚겠습니다.
별수 있나. 저 친구를 믿어 보자고.
불쌍하긴 해. 우리와 똑같은 피해자거든.
링컨은 약속을 지키기 위해 10년 넘게
빠듯하게 살며 빚을 갚아 나갔다.
언젠가 빚을 다 갚고 말겠어.
그의 사정을 딱하게 여긴 많은 이웃들이
일자리를 알아봐 주기도 했다.
보수는 얼마 안 되지만 우체국장 자리가 비었으니 자네가 일을 맡았으면 하네.
뭐든 해 보겠습니다.
이름은 우체국장이지만 실제 업무는
편지를 배달하고 요금을 받는 것이었다.
POST
어서 편지를 배달하러 가야지.
POST
배달 중이니 잠시 후에 들러 주세요.
링컨
편지요!
어, 벌써 왔군! 자네가 오더니 편지가 빨리 와.

어느 날
남는 시간에 측량을 한번 해 보지?
내가 할 수 있을까?
링컨은 독학으로 측량 기술을 공부하며 빚을 갚기 위해 노력하고 또 노력했다.
끄덕
자네는 총명하니 금방 익힐걸세.
그래, 해 보겠네.
POST
거의 다 됐다. 이제 우체국 갈 시간이네.
힘내세요. 당신이라면 금방 일어날 수 있을 거예요.
이렇듯 고되고 힘든 나날을 보냈지만, 상점을 할 때 만난 앤이라는 여성이 옆에 있어 외롭지 않았다.
앤, 정말 고마워!
어려운 시절을 함께한 이들은 약혼을 하고 결혼을 꿈꿨다.
지금 내 처지가 이렇지만 당신과 함께하고 싶어요.
전 언제나 당신을 믿어요.
링컨은 앤과 함께 희망의 끈을 놓지 않았다.
하느님! 어려운 시련을 잘 헤쳐 나갈 수 있도록 도와주소서.

4 정치가의 첫 걸음

1840년, 일리노이 주 주의원 4선 선거 연설회장
민주당은 여러분 곁에서 같이 땀 흘리고 손발이 갈라지도록 일하는 충실한 일꾼입니다.
하지만 휘그당은 어떻습니까? 그들은 그저 앉아서 시간만 때우는 귀족들입니다.
척
그들은 노동자의 말에 전혀 귀를 기울이지 않고 자신들 잇속만 채우고 있습니다.
이건 너무 악의적이군!
살금
살금
확
아니, 뭐야!

지금 뭐하는 짓이오?
철컹
자, 보십시오, 여러분. 이 모습이 서민을 생각하는 마음입니까?
웅성
웅성
뭐야? 금시계에 은목걸이라….
완전 위선자구만!
웅성
큭
전 가난해서 가죽 바지 한 벌로 지냈습니다.
척
키가 자라면서 바지가 짧아져 여기저기 몸에 상처도 남아 있습니다.
보십시오! 이 상처. 이래도 제가 귀족입니까?
와아
링컨
링컨
와아
짝짝짝
항상 논리 정연한 말로 상대를 압도하는 링컨의 말솜씨를 당할 사람은 아무도 없었어요. 의원이 된 링컨의 이야기를 들어 볼까요?

링컨, 이번에 다시 한번 도전해 보지?
글쎄요.
1834년 봄, 일리노이 주 주의회 선거 시기가 다시 돌아왔다. 가난했던 링컨에게 주의회 자리는 2년간의 봉급 보장이나 다름없었다.
이번 선거에 링컨을 입후보시키면 좋겠어요. 훌륭한 재목입니다.
안 그래도 우리도 지켜보고 있었네.
당시 변호사이자 휘그당의 주의회 의원이었던 존 스튜어트도 링컨에게 주목했다.
얼마 후, 링컨은 휘그당에 들어가 주의원 선거를 준비했다.
선거 비용으로 200달러 준비했습니다.
특별히 경비는 필요 없습니다.
그러지 말고 넣어 두세요.
패배의 아픔을 경험한 링컨은 호소력 짙은 연설로 청중들에게 다가섰다.
마을에 학교를 세우고 수로를 개발하는 등
주민의 편의를 위해 다양한 사업을 벌이겠습니다.

와아
짝짝짝
축하하네, 링컨! 스튜어트!
감사합니다.
8월 4일 선거일
결국 13명 중 2위를 차지한 링컨은 스튜어트와 함께 당당히 당선되었다.
이제부터 시작이야.
앞으로 잘 부탁하네.
링컨이 의원이 되자 가장 기뻐한 사람은 앤이었다.
당신이 해낼 줄 알았어요.
고맙소. 당신이 곁에 있어서 가능했던 일이오.
휘그당 사무실
편지요!
봉투에는 링컨이 보낸 돈과 편지가 들어 있었다.
선거 자금이 고스란히 들어 있네!
선거 연설회에 사용한 비용은
제가 지불했습니다.
그리고 제 말을 타고 다녀서
교통비도 들지 않았습니다.
하지만 선거 운동원 중 나이 든 분이
목이 마르다고 하셔서 음료수를
사 드리느라 75센트를 썼습니다.

정말
청렴한 친구야.
선거 자금을
다 돌려보내다니.
이런 일은
처음이야!
이 일이 알려지자 링컨은 정직한 정치인으로 불리게 되었다.
역시
링컨은 크게
될 인물이지.
돈 한 푼
안 쓰고 당선된
것만 봐도 그래.
그러던 어느 날
이보게, 링컨!
의회가 시작되려면 아직
시간이 있는데 이참에 자네도
정식으로 법을 공부해 보지?
안 그래도
관심은 있었다네.
내가 책을 빌려 주지.
힘들어도 한번 해 보게.
정말 고맙네.
당시 대부분의 변호사는 변호사 사무실을 다니며
독학으로 공부했다.
정규 교육을
못 받은 것은 큰 장벽이
아니야. 하기 나름이지.
앞으로 많이
가르쳐 주게.
주의원 봉급은 경제적 문제를 해결하기에 턱없이
부족했기에 링컨은 측량과 우체국장 일을 계속했다.
POST
법률 해설서는
읽기가 꽤
어려운걸.

3개월 후, 링컨은 의회가 열리는 일리노이 주의 수도 밴덜리아로 향했다.
변호사 공부는 잘되고 있나?
생각보다 만만치 않더군.
밴덜리아는 인구 1,000명이 되지 않는 작은 도시였지만 정치적으로 중요한 곳이었다.
이쪽은 이번에 의원이 된 링컨입니다.
오, 이야기 많이 들었습니다.
앞으로 자주 뵙겠네요.
감사합니다. 앞으로 열심히 해 보겠습니다.
링컨, 이쪽은 스티븐 더글러스 의원이야.
반갑습니다.
잘 부탁드립니다.
이때 만난 스티븐 더글러스는 미국의 앞날을 놓고 훗날 링컨과 큰 논쟁을 벌이게 되는 인물이다.

당시 의회에서는 노예 문제를 놓고 찬반이 엇갈렸다. 밴덜리아는 노예제에 찬성하는 목소리가 높은 곳이었다.
노예제 폐지론자를 규탄해야 합니다.
노예는 우리의 재산 아닙니까!
노예제는 정의에 어긋나는 악한 제도입니다!
벌떡
정의라니요? 헌법에도 명기되어 있듯이 노예는 우리의 재산이고 우리는 그 권리를 존중받아야 합니다.
노예제를 당장 폐지하자는 것이 아닙니다. 헌법의 틀 안에서 차근차근 이루어져야 한다는 말입니다.
투표로 정합시다.
맞아요!
찬성 77, 반대 6으로 노예제 폐지론자 규탄안이 통과되었습니다.
도대체 누구를 위한 찬성인가.
이 안건은 링컨이 평생을 두고 싸우게 될 노예제 문제의 첫 신호탄이었다.
참자! 이 불합리한 법을 언젠가는 고치고 말 것이다.

*회기 : 국회가 개회한 때부터 폐회할 때까지의 기간

1836년, 스물여덟 살의 링컨은 일리노이 주 주의원 선거에 출마해 압도적인 득표 수로 재선에 성공했다. 게다가 변호사 시험에도 합격했다.
난 자네가 해낼 줄 알았어.
자네가 없었으면 불가능한 일이었네.
돌발 인터뷰
링컨을 변호사로 만든 일등 공신이시죠?
저는 그저 조언만 해 주었을 뿐입니다. 연방 법원이 공인하는 변호사 자격증을 따는 것은 보통 노력으로 되는 것은 아니에요. 그만큼 링컨의 의지가 강했던 것이죠.
평소에 링컨은 어떻게 공부를 하던가요?
법률 주석서 등을 빌려 주면 틈이 나는 대로 공부하더군요. 측량에 우체국 일 등을 하면서 시간도 별로 없었을 텐데 대단해요. 정치가의 길과 변호사의 길을 같이 찾아낸 링컨이 정말 자랑스러워요.
Why? people interview
당시 주의회는 주의 수도를 스프링필드로 옮길 생각이었다.
주의 수도가 너무 작습니다.
그리고 일리노이 주 전체에서 너무 남부 쪽으로 치우쳐 있어요.
끄덕
스프링필드는 북부와 남부를 이어 주는 중심지로 노예제를 반대하는 목소리가 큰 지역이기도 했다.
수도 이전은 노예 해방 운동에도 도움이 될 거야.

얼마 후 의회 투표 결과 수도 이전이 확정되었다.
STORE
뉴세일럼은 정든 곳이었지만 점점 쇠퇴하고 있던 마을이었다.
링컨, 스프링필드로 가서 같이 변호사 사무실을 열면 어떨까?
스프링필드?
안 그래도 그곳으로 진출하려 했는데 잘됐군.
앞으로 서로 도울 일이 많을 거야.
제안을 받아들인 링컨은 단돈 7달러를 가지고 스프링필드로 갔다.
숙소가 딱히 없어 링컨은 사무실에서 숙식을 해결했다.
일단 침대부터 사야겠어. 그런데 돈이 문제네.
다음 날, 가구 상점
$ 10
이게 그나마 제일 싼데 내 돈으로는 턱없이 부족하잖아?
$ 8.50
저는 며칠 전 이사 온 링컨 변호사입니다. 연말까지만 가구들을 외상으로 주실 수 있을까요?
음….

제가 여기서
변호사로 성공하면
연말에 꼭 갚겠습니다.
$ 10
하지만
성공하지 못하면
돈을 갚지 못할
수도 있습니다.
상점 주인 스피드는 링컨의 침울하고
어두운 얼굴을 보자 가여운 생각이 들었다.
내가 제안을
하나 하지요.
마침 내 방에
침대가 두 개 있는데 하나를
쓰면 어떻겠습니까?
정말이세요?
열성적인 휘그당원이었던 스피드는 주의원 선거 때
감명 깊은 연설을 했던 링컨을 기억하고 있었다.
저 친구 정말
믿음이 가.
2층으로
가시지요.
감사합니다.
여기입니다.
맘에 듭니다.
오늘 당장 들어와
살겠습니다!

그렇게 잠자리를 해결하고 링컨은 스튜어트의 도움으로 변호사 일을 시작했다.
이럴 경우엔 다음과 같은 판례가 있네.
그렇군!
자네는 정치에도 관심이 있으니 많은 인맥을 쌓을 필요도 있을 거야.
알았네. 잘 좀 이끌어 주게.
스피드의 가게는 젊은 청년들이 모여 정치 이야기를 하는 만남의 장이기도 했다. 더글러스도 종종 그곳을 찾았다.
노예제는 감정적으로 해결할 문제가 아니지요.
감정적이라니요. 무조건 폐지하자는 것은 아닙니다.
아무튼 모든 주는 정부의 간섭 없이 자치를 해야 합니다.
그걸 빌미로 남부는 오히려 노예제를 확산하려는 것 아닙니까!

그동안 링컨은 1838년, 일리노이 주 주의원 3선을 달성했고,
노동자의 아들로서 여러분을 위해 이 한 몸 바쳐 열심히 일하겠습니다.
1840년에는 4선에 성공해 지역 유명 인사가 되었다.
더욱더 열심히 하겠습니다.
축하드립니다. 좋은 모습 보여 주세요.
그러는 동안 스튜어트는 미국 하원의원에 당선되었다.
정말 축하하네.
내가 자네를 축하해야지.
자네와 헤어져 워싱턴으로 가야 하다니 아쉽군.
나도 그렇다네.

*배심원 : 법률 전문가가 아닌 일반 국민 가운데 선출되어 재판에 참여하고 사실 인정에 관해 판단을 내리는 사람

4선 의원이 되는 동안 링컨이 일에만 몰두했던 것은 아니었다.
오늘 내가 아는 지인의 집에서 무도회를 하는데 같이 가지.
제가 가도 될까요?
무도회가 열린 저택은 스프링필드의 정치 지도자나 저명 인사로 북적였다.
어서 오세요.
초대해 주셔서 감사합니다. 이쪽은 링컨입니다.
의원님이시죠? 잘 부탁드려요.
하하, 저야말로.
언니, 누구?
링컨 의원님이셔.
링컨과 메리 토드는 서로에게 호감을 가졌다.
링컨이라고 합니다.
꾸벅
반갑습니다.
메리 토드는 아름답고 영리하고 자존심 강한 아가씨로 교양도 있었다.
웅성
웅성

그녀는 부유한 은행가의 딸로 언니의 집에서 함께 지내며 남편감을 찾고 있었다.
멍~
이 친구, 눈빛이 수상하군.
헉! 무슨.
깜짝
그러지 말고 용기를 내 보게.
탁
아니… 그게….
아가씨, 저와 춤을 추시겠어요?
춤을 잘 추시나 봐요.
아니, 그 반대예요. 아마 제가 여기에서 춤을 가장 못 출 겁니다.
호호호
우리 둘은 공통점이 있네요. 저도 춤이라면 정말 엉망이에요.
스윽
자꾸 제 발 밟으실 거예요?
죄송해요!

두 사람 사이는 급속도로 발전했다.
당신과 있으니 참 행복해요.
저도요.
우리 약혼합시다.
네.
그런데 언젠가부터 메리는 다혈질 성격을 드러내기 시작했다.
옷차림이 그게 뭐예요? 같이 다니기 창피해요.
이게 뭐가 어때서요?
메리와 링컨은 만날 때마다 사소한 문제로 다툼을 벌였다.
에휴~
아, 정말 감당하기 힘든 여자야.
내가 뭘 잘못했기에!
훌쩍
하지만 스피드의 설득과 지인의 도움으로 1842년 11월, 서른셋의 나이에 링컨은 메리와 결혼했다.

이듬해 아내는 임신을 했다.
그러자 아내의 신경은 더욱 날카로워졌다. 하지만 링컨은 늘 자상한 남편이었다.
당신, 넥타이 좀 제대로 매요.
앞으로 조심할게요.
그해 여름, 아내는 건강한 사내아이를 낳았다.
응애
응애
여보! 고생했소.
응애
우리 아이 이름은 할아버지 이름을 따서 로버트 링컨이 어떻소?
좋아요.
유달리 아이들을 좋아했던 링컨은 로버트가 태어났을 때, 깊은 감동을 받아 눈물까지 흘렸다.
이제 나도 아버지가 되었으니 더욱 책임감 있게 살아야겠어!
이후로도 1846년, 1850년, 1853년에 에드워드, 윌리, 토머스가 태어났다.

5 따뜻한 변호사

 *준주 : 용어 해설 참조

*캔자스-네브래스카 법 : 용어 해설 참조

 *순회 재판 : 관할 판사가 관내를 순회하면서 간략하게 하는 재판

여기 손칼입니다.
쓱
예전에 아는 사람이 준 선물이지요.
그런데 그걸 왜 제게 주십니까?
그 친구가 저보다 못생긴 사람을 만나면 넘겨주라고 했거든요.
하하
링컨을 알아봤던 손님이 농담을 건넨 것이었다.
그렇다면 선생님께서 지금껏 보신 사람 중에 제 얼굴이 가장 못생겼던가요?
솔직히 그렇습니다.
끄덕
어떤 상황에서도 링컨은 재치 있게 행동해서 환심을 샀다.
노, 농담입니다.
전 제가 정말 잘생겨서 사람들이 질투하면 어쩌나 걱정했는데 그것 참 다행이네요.
하하하
이렇듯 링컨은 순회 도중 많은 사람을 만나며 자신에 관해 알렸다.
선생님께서 변호를 잘해 주신 덕분에 한시름 놓았어요.
뭘요!
그들은 훗날 링컨이 선거에 출마할 때 든든한 지지자가 되어 주었다.
잠자리가 불편하겠지만 이해해 주세요.
아닙니다. 이 정도면 매우 훌륭하지요.

이걸로 모든 빚을 갚았어!
오늘 같은 날엔 파티라도 해야 하는 거 아니에요?
링컨은 순회 재판을 다니면서 모은 돈으로 지긋지긋한 빚을 모두 청산할 수 있었다.
그렇게 바쁘게 생활하면서도 링컨은 정치에 대한 꿈을 버리지는 않았다.
내가 변호사가 되려 했던 이유가 무엇인가!
그러던 어느 날
RNDON LAW OFFICES
변호사님, 도와주세요!
아니, 마거릿 아주머니. 무슨 일이시죠?
그녀는 뉴세일럼에서 친하게 지냈던 부인이었다.
제 아들 더프가 누명을 써서 살인자로 몰렸어요!
네?
아시다시피 더프는 절대 사람을 죽일 아이가 아니에요.
끄덕
네, 알고 있다마다요.
이건 목격자가 의도적으로 누명을 씌운 거예요.
일단 침착하세요.

링컨은 다음 날, 사건이 일어난 곳으로 가서 자세한 이야기를 들었다.
사망한 매츠커의 친구였던 앨런이 더프가 매츠커를 죽이는 장면을 봤다고….
말도 마세요. 매츠커와 앨런은 여자 문제로 평소에도 자주 싸웠어요.
그렇다면 뭔가 냄새가 나는걸!
HERNDON LAW OFFICES
한밤중에 일어난 사건을 정확히 목격했다? 뭔가 미심쩍군.
이 사건은 그냥 포기하시는 게 어때요?
포기라니?
모든 증거가 더프에게 불리해서 승소 못 할 거예요.
이기고 지는 것을 떠나 한 사람의 운명이 달린 일이네!
벌떡
그래도 저는 변호사님을 위해서….
변호사의 역할이 무엇인가? 바로 진실을 밝히는 것 아닌가?

며칠 후 재판이 시작되었다.
변호사는 증인에게 질문하시오.
증인은 더프가 매츠커를 살해하는 것을 봤다고 진술했죠?
네. 똑똑히 봤습니다.
목격 당시 증인은 사건 현장에서 얼마쯤 떨어진 곳에 있었나요?
음, 대략 45~50미터 되는 거리였습니다.
범인이 어떻게 피해자를 죽였나요?
휴, 흉기로 머리를 내려치는 걸 봤어요. 정말 끔찍했어요.
자, 자 조용하세요.
우우
우우

*책력 : 일 년 동안의 월일, 해와 달의 운행, 월식과 일식, 절기, 특별한 기상 변동 따위를 날의 순서에 따라 적은 책

웅성
고로 저 증인의 말은 모두 거짓입니다!
웅성
웅성
웅성
링컨의 변호로 더프는 무죄 판결을 받았다. 이 일로 링컨은 더욱 유명해졌다.
변호사님, 감사합니다.
꾸벅
당연히 해야 할 일을 한 것뿐입니다.
억울한 일이 있으면 언제든 찾아오세요. 그걸 풀어 드리는 게 바로 제가 할 일이니까요.
감사합니다.
이후 링컨은 자신을 필요로 하는 곳이라면 어디든지 달려갔다.
이 길이 아니었나?
히잉
그리고 형편이 어려운 사람을 위해 무료 변호도 해 주었다.
돈이 없으니 이 닭이라도 드릴게요!
괜찮으니 다시 가져가세요.

미국 국회 의원 선거가
열렸던 1846년, 링컨은
하원의원에 출마했다.
많은 사람이
변호사님을
지지해요.
그래, 지지해
주신 분들을 봐서라도
열심히 해야지.
서민들의 어려운 사정을 잘 알고
있었던 링컨은 유권자들의 지지를
받았다.
암, 당연히
링컨 변호사지.
정직 하나는
둘째가라면 서러운
사람이야.
링컨의 인기가 점점 높아지자 민주당 경쟁자이자 목사였던
피터 카트라이트는 유세 때마다 링컨을 고의적으로 헐뜯기 시작했다.
링컨 후보는 변호사
신분을 이용해 말장난으로
주민들을 속이고 있습니다.
하지만 그는
학교도 제대로 안 다닌
무식쟁이에 불과합니다.
이런 식으로
모함하다니!
하지만 전능하신
하느님께서는 이런 무지한
사람들까지 천국으로
인도하십니다.
척
여러분, 저와 함께
천국으로 가실 분들은
손을 들어 주십시오.
번쩍

와아
번쩍
번쩍
이놈 봐라.
씨익
링컨 후보님,
당신은 천국에
가고 싶지 않으신
모양이죠?
맞아요.
나는 지금
천국도,
지옥도 가고
싶지 않소.
나는 국회의사당으로
가고 싶소. 그런데 그 길을
지금 당신이 가로막고 있소.
뭐, 뭐요?
하하하
여러분, 말이
나온 김에 한마디
하겠습니다.
벌떡

카트라이트 후보는
피뢰침까지 달린 호화
저택에서 살고 있습니다.
그게 뭐
어쨌다는 거요?
이제는 집을 가지고
트집을 잡겠다는 건가?
후보께서는 평소에 죄를
많이 지으십니까?
죄라뇨!
하느님 앞에
맹세코 저는
청렴합니다.
버럭
아, 그렇군요. 저는 벼락을
무서워할 정도로 죄를 많이
지어서 피뢰침이 있는 집에
사시나 생각했거든요.
뭐야?
부들
악의적으로 링컨을 공격했던 카트라이트는 결국 본전도
못 건지고 급하게 연설을 마무리했다.
와아
링컨
링컨
링컨,
두고 보자!
크윽
8월 3일, 37세의 링컨은 카트라이트를 누르고
당당히 미국 하원의원에 당선되었다.
축하드립니다.
모두 여러분
덕분입니다.

얼마 후 링컨은 워싱턴으로 이사를 했다.
여기가 앞으로 우리가 살 새 보금자리야.
와, 아빠가 제일 높은 사람이야?
아니야. 아빠는 그저 일꾼일 뿐이야.
당시 워싱턴에서는 노예들의 참혹한 모습을 심심치 않게 볼 수 있었다. 심지어 국회 의사당 안에서조차 쇠고랑을 차고 남부행 배를 타러 가는 노예들을 볼 수 있었다.
똑바로 서!
우리와 똑같은 사람을 어떻게 저렇게 취급한단 말인가.
이 지긋지긋한 노예제의 사슬을 끊을 기회가 온 거야!

1847년, 국회에서 가장 큰 화두는 멕시코 전쟁이었다.
전쟁은 합당한 것이었소.
영토 확장을 빌미로 남의 나라를 침략한 전쟁이 합당하다니 말이 되오?
전쟁의 발단은 멕시코 영토였던 텍사스가 1836년, 텍사스 공화국으로 독립한 후 1845년에 미국과 합병한 것이었다.
멕시코
미국
텍사스
멕시코는 텍사스의 독립은 인정했지만 미국과의 합병은 인정하지 않았다.
혼란한 시국을 틈타 허락도 없이 텍사스를 가로채다니! 앞으로 미국과는 적이다!
합병
텍사스
이런 상황에서 미국은 남부 대농장주들의 요청에 따라 멕시코 정부에 캘리포니아를 팔 것을 제안했으나 거절당했다.
좋게 말할 때 파시죠? 값은 괜찮게 드릴 테니.
너희와는 상대를 않겠다!
이후 1846년, 국경에서 양국 군대의 충돌 사건이 일어나자, 이를 계기로 전쟁을 선포한 미국은 무력으로 멕시코의 수도를 점령했다.
항복!

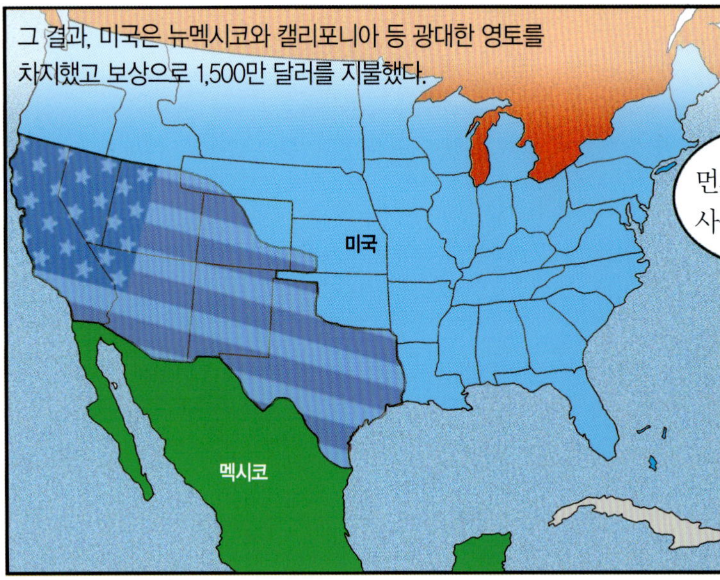

차풀테펙 요새 전투

멕시코 전쟁

1845년에 미국 대통령 제임스 포크는 목화 재배 확대를 바라는 대농장주들의 요구에 따라 멕시코 정부에 영토 매수 교섭을 벌였으나 실패했고, 양국 군대가 국경에서 충돌을 빚는 사태까지 벌어졌다. 결국 미국 의회는 1846년 5월 11일 멕시코에 전쟁을 선포했다. 노예 문제를 둘러싼 대립 격화를 두려워한 대서양 연안 주들의 반대가 있었지만 결국은 미국이 승리를 거두었다. 1848년 2월, 과달루페-이달고 조약 체결로 미국은 희망하던 서부의 영토 확장을 달성해서 거의 현재의 영토에 이르는 땅을 확보했다. 그러나 정치적으로는 남부의 발언권이 커지면서 노예제를 둘러싼 논쟁이 더욱 격해지는 계기가 되었다.

 *결의문 : 회의나 모임에서 결정한 내용을 적은 글

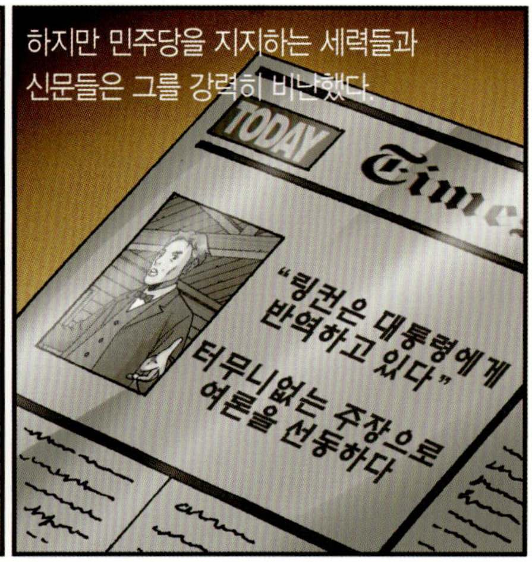

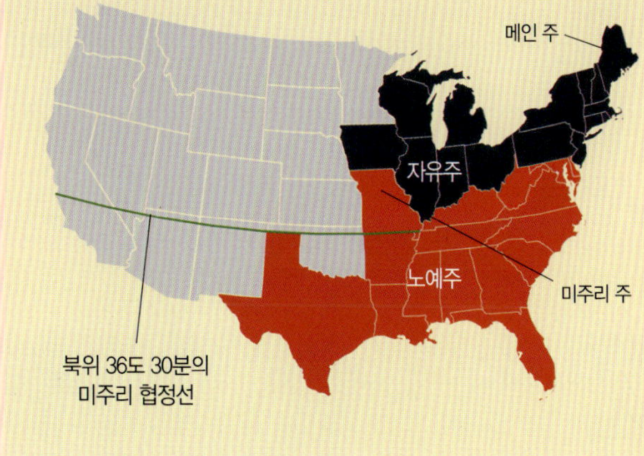

미주리 협정

1820년에 제정된 협정으로 당시까지 미국은 노예제 지지주(노예주)와 노예제 폐지주(자유주)가 각각 11개로 균형을 이루고 있었다. 그런데 1819년, 미국의 새 영토가 된 미주리 주가 연방 가입을 신청하면서 균형이 깨질 상황이었다. 때마침 매사추세츠 주에 있었던 지역이 메인 주로 독립하면서 자유주 편입을 요청했고, 이를 받아들인 대신 미주리 주를 노예주에 편입시켰다. 그래서 노예주 12개, 자유주 12개로 다시 균형을 이루었다. 이후 앞으로 늘어날 새 주의 경우 협정선을 경계로 남쪽은 노예주, 북쪽은 자유주 지역으로 정하는 조건에 타협을 보았다.

새로 편입되는 주는 무척 넓어서 노예제의 찬반 여부에 따라 남북 세력이 판가름 나는 곳이오.
텍사스는 이미 노예제를 도입하고 있으니 따르는 게 맞소!
여러분, 노예제를 인정하는 주를 더 이상 늘리면 안 됩니다.
인륜을 무시하는 노예제는 없어져야 할 악습이지 새로 생겨나야 할 제도가 아닙니다.
과연 그럴까요? 노예는 무지해서 자유를 줘도 자유롭게 살 줄 모릅니다.
남부 농업 발전을 위해 노예제는 활성화돼야 합니다.
옳소!
양쪽은 타협점을 찾지 못하고 팽팽하게 맞섰다.
찬성!
찬성!
반대!
반대!
도저히 해결 방법이 보이지 않는군.

*미국 독립 선언서 : 용어 해설 참조

계속되는 남부와 북부의 대립 속에 링컨은 2년여의 짧은 하원의원 임기를 마무리했다.
결국 내가 한 것은 아무것도 없구나. 난 정치가로서 자질이 없는 걸까?
RNDON LAW OFFICES
내 능력이 부족한 것도 있지만 휘그당의 힘이 너무 부족해.
이제 좀 쉬세요.
이후 다시 변호사 생활을 하던 중 비극이 찾아왔다.
에드워드, 눈 좀 떠 봐!
둘째 아들 에드워드가 큰 병에 걸린 것이었다.
애석하게도 더 이상 가망이 없습니다.
안 돼! 에드워드!
링컨은 아들들을 사무실에 데려와 놀게 할 정도로 자식 사랑이 끔찍했다.
변호사님, 그래도 이건 좀….
자네가 좀 이해해 주게. 얘들아, 다치지만 마라.
북

1850년 2월, 결국 에드워드는 눈을 감았다. 아들을 먼저 보낸 링컨의 심정은 이루 말할 수가 없었다.
아들아, 좋은 곳으로 가거라!
더욱이 이듬해 1월, 아버지까지 세상을 뜨고 말았다.
난 가정도 제대로 지키지 못했어.
이후 5년여의 시간 동안 그는 일에 몰두하며 괴로운 마음을 추슬렀다.
지난번에 아들과도 같이 온 길인데.
1854년, 어느 날
LAW OFFICES
이런, 말도 안 돼! 캔자스-네브래스카 법안이 통과되다니!
이건 미주리 협정을 무시하고 사실상 노예제를 허용하는 거야.
꾸깃
더글러스 의원이 결국 사고를 쳤네요.
법안 통과는 링컨의 마음속에서 꺼져 가던 정치라는 꿈에 새삼 불씨를 지폈다.
더 이상 보고만 있을 수는 없어! 이번에는 더글러스, 당신과 정면으로 승부하겠어!

6 영광의 자리

1860년 뉴욕 주, 대통령 선거 연설회장
엄마, 저분은 누구세요? 말씀도 잘하시고 훌륭한 분 같아요.
맞아! 불쌍한 노예를 해방하려고 하시는 분이야.
엄마, 저 아저씨를 돕고 싶어요.
그럼 한번 편지를 써 보는 게 어떠니?
엄마, 그런데 저 아저씨 얼굴이 너무 차가워 보여요.
그렇구나.
수염을 기르면 얼굴이 좀 더 온화하게 보일 것 같아요.
좋은 생각인데?
끄덕

아저씨가 좀 더 따뜻하게 보였으면 좋겠어.
링컨 아저씨께… 저는 아저씨를 좋아하고 대통령이 되길 바라는 소녀예요. 그런데 아저씨의 인상이 너무 차가워서요.
너무 차가워서요. 이건 제 생각인데 만일 턱수염을 기르신다면 좀 더 따뜻한 인상으로 보이실 거예요.
쓱
쓱
그러면 엄마도, 옆집 아주머니도 다들 아저씨를 뽑으라고 사람들에게 말할 거예요.
LINCOLN OFFICE
꼬마 공주님께서 이런 값진 편지를 보내셨네.
꼬마 공주님! 충고 정말 고맙구나.
네 말대로 지금부터 수염을 길러 볼게. 그럼 또 편지해 주렴.
잘 어울리나?
아저씨께서는 어린 아이의 작은 말도 귀담아들어 주셨어요. 아저씨의 턱수염은 이후로 트레이드마크가 되었죠. 아저씨가 대통령이 되는 과정을 지켜보실래요?

1854년, 링컨은 다시 정치판에 뛰어들기 위해 상원의원 선거에 나섰다.
내년 초에 열리는 상원의원 선거에 나가 봐야겠어.
더글러스가 나라를 어지럽히는 것을 더 이상 두고 볼 수는 없어.
LINCOLN· HERNDON LA
저도 적극 돕겠습니다.
이번에 힘을 합쳐 승리를 거두어 봅시다.
WHIG PARTY OFFICE
더글러스와 토론을 할 수 있도록 자리를 마련해 주세요.
그를 제압할 수 있겠소?
민주당 더글러스
링컨이 합동 연설을 제안하는데요?
그럴 시간이 어디 있나. 우리 일정 소화하는 것만도 빠듯한데.
당시에는 캔자스-네브래스카 법안을 반대하는 사람이 많아져 더글러스도 긴장하고 있었다.
그냥 무시합시다.
그럽시다. 지금 중요한 건 법안 반대자들을 설득하는 것입니다.

선거 유세가 시작되자 더글러스는 민주당 후보 지지 연설에 나섰다. 그는 전국적인 유명 인사였다.
각 주의 자치권을 주민 스스로 보호해야 합니다. 노예 제도도 그 자치권의 일부입니다.
북부의 말처럼 노예 제도를 없애라는 것은 우리의 재산을 버리라는 것과 같습니다.
역시 언변이 대단해!
끄덕
노예 제도를 반대하는 사람들은 하느님께서 백인과 흑인을 똑같이 만드셨다고 주장합니다만,
백인은 흰 피부이고 흑인은 검은 피부인데 어떻게 똑같이 만들어졌다고 할 수 있습니까?
척
와아
우리는 끝까지 우리의 권리를 지켜야 합니다. 이번 선거에서 민주당을 지지해 주십시오!
짝
와아
짝
짝

다음 날, 링컨은 일부러 더글러스가 연설한 장소에서 반대 연설을 했다.
어제 더글러스가 한 이야기를 듣다 보니 그는 흑인이 인간이라는 사실을 명확히 인식하지 못하는 것 같습니다.
미국 헌법에는 모든 인간은 평등하게 창조되었다고 나옵니다. 이에 따라 노예제는 정당성이 인정되지 않습니다.
웅성
웅성
감성적인 링컨의 연설은 청중에게 깊은 인상을 심어 주었다.
우리 모두는 위선자입니다. 인간을 노예로 만드는 제도를 옹호하는 동시에 자유를 사랑한다고 자찬하니 말입니다.
말 참 잘하네!
듣고 보니 그렇긴 하네.
링컨은 호소력 짙은 연설을 하며 유세를 마무리했다. 그리고 선거 날이 밝았다.
WHIG PARTY
선거 결과가 나왔네.
정말 아쉽네.
많은 지지를 받았지만 링컨은 선거에서 낙선했다.
괜찮아. 그래도 나를 지지하는 사람이 많다는 걸 다시 한번 느꼈으니까!

* **로렌스 약탈 사건** : 1856년 5월 21일, 미국의 노예 제도 찬성자들이 노예 제도 반대자들이 모여 있는 로렌스 마을을 약탈하고 공격한 사건
* **피의 캔자스 · 공화당** : 용어 해설 참조

1856년, 링컨은 공화당 창당에 기여한 사람으로 꼽혀 부통령 후보 경선에 출마했다.
당 내에 당신만큼 열정적인 사람은 없었소.
맞수 윌리엄 데이턴이 유력하긴 하지만 가능성이 없는 건 아니오.
하지만 링컨은 또다시 낙선했다.
나는 미끄러질지언정 결코 실패한 게 아니야. 언젠가 때가 오겠지.
경선 결과표
1. 데이턴 253명
2. 링컨 110명
연이은 낙선에도 불구하고 링컨은 1858년, 상원의원 선거에 다시 출마했다.
공화당 상원의원 후보로 링컨을 선출합니다.
링컨은 이렇다 할 정치적 경험을 쌓지 못했지만 청중을 사로잡는 어엿한 지도자로 우뚝 섰다.
여러분, 지금 이 나라는 어디로 가고 있다고 생각하십니까?
그리고 캔자스-네브래스카 법안이 통과된 지 4년이 지났지만 논란은 계속됐다.
저는 미국이 갈라지기를 바라지 않습니다. 우리 모두는 하나가 되어야 합니다.
이에 링컨은 강경한 태도로 자신의 생각을 밝혔다.
노예 제도가 사라질 때까지 제 온 힘을 다하겠습니다!
짝 짝 짝

이번에도 상대는 더글러스였다. 그는 그동안 승승장구해서 대선을 바라보는 정계의 거물이 되어 있었다.
더글러스를 넘지 못하면 아무것도 할 수 없어.
링컨은 다시 한 번 합동 연설회를 제안했다.
Democratic Party
어떻게 할까요?
좋아! 어차피 마주쳐야 한다면 정면에서 승부하지.
세 시간짜리 토론회로 두 달 동안 일리노이 주 일곱 선거구에서 진행합시다.
좋소. 자신 있소!
헌든을 비롯한 많은 지인들이 링컨의 선거 운동을 도왔다.
OFFICE
이번에는 승산이 있어요.
우리 모임에도 알려야겠군.
드디어 링컨과 더글러스가 붙는구먼.
그러게. 볼 만하겠어!
the Lincoln / Douglas Debates of 1858
오타와에서 합동 연설회를 한다는군.
우리도 한번 가 볼까?

신문마다 머리기사로 이 사실을 알렸다.
The Times
TODAY
더글러스와 링컨의
팽팽한 기 싸움
드디어 시작
8월 21일, 많은 사람이 첫 번째 토론회에 참석하기 위해
오타와로 몰려들었다.
OTTAWA
인구 9,000명에 불과한 이 도시에 만 명이 넘는 사람이 몰려든 것이다.
더글러스!
더글러스!
링컨!
링컨!
DOUGLAS WIN!!
LINCOLN WIN!!
LINCOLN WIN!!
DOUGLAS WIN!!
LINCOLN WIN
더글러스는 네 마리 말이 끄는 호화로운
마차를 타고 도착했다.
DOUGLAS WIN!!
와아
더글러스
DOUGLAS WIN!!
더글러스
와아
반면 링컨의 등장은 너무나 초라했다. 낡은 마차를
타고 공화당원 몇 명과 조용히 나타났을 뿐이었다.
LINCOLN WIN
링컨
와아
링컨

링컨과 더글러스의 합동 연설회는 손에 땀을 쥐게 했다.
자, 먼저 더글러스 후보입니다.
둘은 의견뿐 아니라 모습까지 상당히 대조적이었다. 키 160센티미터의 더글러스는 힘차고 열정적인 태도로 '작은 거인', 링컨은 큰 키 때문에 '키다리 에이브'라고 불렸다.
미국 국민은 자유 시민입니다. 그러므로 우리에게는 노예를 소유할 수 있는 자유도 있습니다.
헌법이 보장한 평등권이 흑인에게도 적용되는 것은 아닙니다.

해방된 노예들이
몰려와 투표를 하고
백인과 결혼할 수도 있게
된다면 더욱 큰 문제가
발생할 것입니다.
절반은 자유주,
절반은 노예주인 상황에서도
미국은 얼마든지 잘 유지돼
오지 않았습니까.
백인이 세운 정부에서
각 주마다 결정권을 갖는
게 뭐가 잘못되었다는
겁니까?
와 와
LINCOLN WIN
DOUGLAS WIN
DOUGLAS WIN!!
다음은 공화당
링컨 후보입니다.
친애하는 국민 여러분!
더글러스 의원은 본질을
파악하고 있지 못합니다.
본질은 노예제가 널리 퍼지다
영원히 자리를 잡느냐, 아니면
일시적으로 허용되다가
사라지느냐 하는 점입니다.

1858년, 상원의원 선거 모습

하지만 이번에도 신은 링컨의 손을 들어 주지 않았다.
전체 득표는 더글러스를 앞질렀지만 1859년 1월, 의석 배분에서 민주당에 진 것이다.
거의 다 이긴 싸움이었는데.
휴~ 겨우 턱걸이했네.
공화당
민주당
나는 패배라고 생각하지 않네. 그러니 슬퍼하지 말게.
역시 링컨이야.
링컨은 더글러스와 벌인 열띤 토론회 덕에 전국적인 유명 인사가 되었다.
여기저기에서 강의 요청이 쇄도합니다!
일정만 괜찮다면 어디든 가겠습니다.
THE TIMES
노예제에 관한 연설로 링컨은 사람들의 마음을 사로잡는 능력을 충분히 보여 주었다.
솔직히 링컨의 주장이 공감은 더 가.
내 말이 그 말이야.

돌발 인터뷰
두 번이나 상원의원 선거에서 떨어지셨는데 소감은?
시민의 자유를 위한 싸움은 수백 번의 패배를 경험한다고 하더라도 반드시 계속되어야 하는 것입니다. 전 그것이 실현될 때까지 포기하지 않을 겁니다.
선거를 통해 얻은 성과는요?
비록 지긴 했지만 사람들에게 노예제가 얼마나 나쁜가를 인식시킬 수 있어서 제겐 큰 수확이었습니다. 언젠가는 뜻이 반드시 이루어질 것이라고 믿습니다.
Why? people interview

이후에도 링컨은 정치적 신념을 잃지 않고 공화당원으로서 책임을 다했다. 그러던 중 1860년, 뜻밖의 제안을 받았다.
REPUBLICAN PARTY
올해 치르는 대통령 선거에 적당한 후보가 누가 있을까?
두말하면 잔소리! 당연히 링컨이지.
정치 경험이 부족하긴 해도 링컨만큼 호소력 있는 후보는 없어요.
며칠 후
링컨, 당신이 공화당 대통령 후보로 출마해 보면 어때요?
네? 저는 적합한 인물이 아닙니다.
당신이야말로 공화당을 대선에서 승리로 이끌어 줄 유일한 사람입니다.
음, 생각 좀 해 보겠습니다.
국회에서 일한 건 하원의원이 됐을 때 한 번뿐이었지.
다른 공화당 후보들의 화려한 정치 경력에 비하면 정말 보잘것없어.
하지만 더글러스가 대통령이 된다면….

* **공천** : 대통령 선거나 국회 의원 선거에서 정당이 후보자를 추천하는 일

공화당은 〈링컨과 더글러스 후보의 논쟁〉이라는 책과 링컨의 자서전을 출간해 링컨을 홍보했다.
링컨과 더글러스 후보의 논쟁
LINCOLN - DOUGLAS DEBATES
링컨의 정치 연설이 굉장했지.
맞아, 참 대단한 인물이야.
위기감을 느낀 더글러스는 신경전을 펼쳤다.
여러분, 링컨 후보는 예전에 팔아서는 안 될 술을 팔기도 했던 비도덕적인 인물입니다.
그런 사람이 어떻게 대통령이 될 수 있습니까?
맞습니다. 하지만 중요한 사실을 알려 드리지요.
벌떡

그 당시 제 가게에 와서 가장 술을 많이 마신 사람이 바로 더글러스 의원입니다.
하하하
LINCOLN WIN
LINCOLN WIN!!
끄응
아닙니다. 링컨은 말만 그럴듯하게 하는 두 얼굴의 이중인격자입니다.
LINCOLN WIN
두 얼굴이라고요?
그렇다면 제가 왜 하필 이렇게 못생긴 얼굴을 하고 있을까요?
끄응
하하
더글러스는 무조건 링컨을 깎아내리는군.
큰 그릇이 못 돼!
선거가 열리는 11월까지 각 도시의 거리에서는 더글러스와 링컨의 포스터와 초상화를 내건 행진들이 줄을 이었다.
링컨
링컨
DOUGLAS WIN!!
링컨
링컨
DOUGLAS WIN!!
더글러스
더글러스
LINCOLN WIN
DOUGLAS WIN!!
더글러스
더글러스
LINCOLN
LINCOLN

이후 각지에서 응원의 편지들이 쏟아져 들어왔다.
편지입니다.
노예 해방 지지자들이 이렇게 많다니…. 그리고 내 외모까지 코치를 해 주는 귀여운 소녀도 있군.
열띤 경합을 벌이던 11월 6일, 드디어 선거일이 밝았다.
POST OFFICE
공화당 사람들은 우체국에서 선거 결과가 나오기만을 초조히 기다리고 있었다.
과연 어떻게 됐을까?
뚜
뚜
뚜
링컨, 대통령 당선!

와아
모두 고생하셨습니다.
여보, 축하해요!
하지만 기쁨도 잠시, 문제가 발생했다.
노예제 폐지를 주장하는 링컨을 대통령으로 인정할 수 없다!
링컨의 당선을 원치 않았던 남부 사람들이 대규모 반란을 일으킨 것이다.
링컨은 물러가라!
LINCOLN OUT!!
우리 사우스캐롤라이나 주는 미국 연방에서 탈퇴하겠소.
우리끼리 뭉칩시다!
이후 조지아, 앨라배마, 미시시피, 루이지애나 등 여러 주가 연방에서 줄줄이 탈퇴했다.
텍사스
조지아
플로리다
앨라배마
루이지애나
미시시피
사우스캐롤라이나

이듬해 2월, 이들 7개 주는 남부 연합을 결성해 기존의 미국과 별개의 국가임을 선포했다.
그리고 초대 대통령으로 제퍼슨 데이비스를 선출했다.
우리 남부는 앞으로 우리의 길을 갈 것이다!
남부 대통령 제퍼슨 데이비스
미국이 남북으로 갈라진 것이 가슴 아파 링컨은 잠을 이룰 수 없었다.
휴! 어찌해야 한단 말인가.
얼마 후 취임식이 다가오자 링컨은 워싱턴으로 떠날 준비를 했다.
헌든, 그동안 고마웠네! 내, 대통령을 그만두면 다시 자네와 일하겠네.
언제든 자리를 비워 두겠습니다.
1861년 2월, 링컨은 가족과 함께 친구들의 배웅을 받으며 마차를 타고 역으로 갔다.
역에는 수많은 사람이 그를 배웅하기 위해 모여 있었다.
제 목숨 다하는 날까지 미국의 발전을 위해 노력하겠습니다.

워싱턴으로 가는 도중에도 링컨은 역에서 내려 몰려드는 사람들을 위해 연설을 했다.
다음 행선지 볼티모어에서 암살이 행해질 거라는 정보가 들어왔어.
그래?
남부 사람들이 일을 꾸민다는군.
그럼 오늘 새벽 몰래 이곳을 출발해 곧바로 워싱턴으로 가지.
링컨은 가는 길에 신변을 위협하는 협박도 받았다.
당신이 대통령이 된다면 내 손에 죽을 것이다.
이런 우여곡절을 거쳐 1861년 3월 4일, 대통령 취임식이 거행되었다.
와아
와아~
와~
내 패배를 깨끗이 인정하겠어.

취임식에는 약 3만 명의 사람들이 모여들었다.
여러분! 내란의 위기는 제 손이 아니라 여러분 손에 달려 있습니다.
마침내 링컨은 정직과 성실함으로 수많은 패배를 딛고 일어나 도달할 수 있는 최고의 자리에 오른 것이다.
정부는 여러분을 공격할 생각이 없습니다. 저는 정부를 보존하고 옹호하고 사수하려는 엄숙한 맹세를 가슴에 지니고 있습니다. 우리는 서로 적이 아니라 다정한 친구입니다.
와아
와아~
와~
링컨 대통령 취임식 장면

7 비극의 남북 전쟁

1863년 1월 1일, 백악관에서 신년 하례식이 열렸다.
올해도 잘 부탁드립니다.
열심히 국정을 운영하겠습니다.
전쟁이 길어지지만 최선을 다해 마무리 짓도록 하겠습니다.
여러분의 노고에 다시 한번 감사드립니다.
대통령님, 준비가 되었습니다. 집무실로 가시지요.
드디어 운명의 시간이 왔군요.
지긋지긋한 노예 제도를 마감할 시간이 온 거야.

여기 노예 해방 선언서입니다.
쓱
노예 해방서
이제 서명만 하시면 됩니다.
알겠습니다.
무슨 문제라도 있으십니까?
부르르
아침부터 악수를 많이 했더니 손이 떨리는군요.
역사적인 이 서명을 훗날 모두가 감식할 텐데 제가 손을 떨면 사람들이 '최후의 순간까지 망설였구나!' 하고 생각할까 봐 숨 좀 고르고 있었습니다.
하지만 내 평생 이렇게 올바른 일을 하고 있다는 확신이 든 건 처음입니다.
쓱
쓱
내 이름이 만약 역사에 남는다면 그것은 바로 이것 때문일 것입니다.
우여곡절 끝에 노예 해방 선언문을 공포한 링컨. 노예 해방을 위해 싸우고 또 싸운 그의 생애로 들어가 보시죠.

1861년 4월, 백악관
대통령님, 큰일입니다. 남군이 섬터 요새를 요구하고 있습니다.
기어이 일이 벌어졌군요.
섬터 요새는 사우스캐롤라이나 주의 찰스턴 항구를 방어할 목적으로 지은 인공 섬으로 당시 워싱턴의 연방 정부가 차지하고 있었다.
그런데 남부 연합이 요새를 요구한 것이다.
요새를 넘겨주지 않으면 전쟁을 시작할 것이다. 북군은 모두 철수하라!
링컨은 긴급 국무 회의를 열었다.
이대로라면 식량과 물자가 바닥나 요새 함락은 시간문제입니다.
북군은 아직 전쟁 준비가 돼 있지도 않습니다.
요새를 방어하려면 식량과 물자, 지원 부대를 보내야 합니다.

아닙니다. 당장 요새에서 군사들을 철수시켜야 합니다.
요새를 넘겨주는 것은 치욕이오. 이건 우리를 완전히 무시하는 처사란 말이오.
요새를 넘겨주면 남부 연합을 인정하는 것이나 마찬가지다. 일단 요새가 공격받기 전에 식량과 물자를 보내야 한다.
우선 요새에 물자와 식량을 보내시오.
결국 물자를 실은 북군의 배가 요새로 출발했고, 이에 남부 연합은 분노했다.
북군의 배가 보이는 즉시 사격을 퍼붓는다!
4월 12일 새벽
섬터 요새를 겨냥하고 있었던 남군의 대포들이 일제히 공격을 개시했다. 이로써 남북 전쟁이 시작되었다.
쾅
쾅
쾅
쾅

피유우우
쾅
콰앙
남군이 요새를 공격한다. 비상사태다!
하지만 요새는 오래 버티지 못했다.
더 이상 버틸 수 없습니다.
할 수 없군. 퇴각한다.
36시간에 걸친 맹렬한 폭격 끝에 요새는 함락되었다.
분하다!
대통령님, 더글러스 의원입니다.
아니, 의원께서 어쩐 일이십니까?
조금이나마 힘을 보태고자 찾아왔습니다.
나와 우리 민주당은 대통령님과 힘을 합쳐 미국을 위기에서 구해 내겠습니다.
정말 고맙습니다.
7만 명의 의용군을 소집하려 합니다.
너무 적습니다. 이 기회에 20만 명은 모아야 합니다.

다음 날, 링컨은 의용군을 소집하는 성명서를 냈다.
오늘부로 의용군을 소집하겠습니다.
더글러스 역시 군대 모집을 위해 전국 민주당 지부를 돌아다니며 대중 집회 등을 열어 연설을 했다.
나는 모든 정치적 견해에 있어 현 정부를 반대했지만 지금은 대통령을 지지합니다.
평화를 위해 한마음으로 전쟁 준비를 도와야 합니다.
하지만 불철주야로 뛰어다니며 모병을 독려하던 더글러스는 애석하게도 얼마 후 병으로 숨을 거두고 말았다.
동지여… 그대의 뜻이 헛되지 않도록 노력하겠소.

돌발 인터뷰
링컨을 갑자기 지지한 이유가 뭔가요?
저와는 오랜 정치적 라이벌이었지만, 저 또한 남부 연합이 미국에서 갈라져 나가는 것을 바라지 않습니다. 대통령의 고충을 제가 잘 알기에 도움을 주고자 했습니다.
그래도 평소 링컨을 싫어하지 않았나요?
경쟁을 하면서 그를 시기하기도 했지만 그 겸허하고 솔직한 자세를 볼 때면 존경심이 들기도 했습니다. 지금은 안 좋은 감정이라고는 전혀 없습니다.
Why? people interview

햄프턴 로즈 전투

남북 전쟁

북부의 연방 정부와 남부의 11개 주 연합이 4년에 걸쳐 벌인 미국 역사상 가장 많은 인명 피해를 낸 전쟁이다. 원인은 노예제, 연방과 각 주의 권한 갈등, 남북의 경제적 구조차로 인한 갈등 등을 들 수 있지만 무엇보다 노예제 인정 유무가 근본적인 원인이라고 할 수 있다. 1861년, 링컨 대통령의 노예제 폐지를 반대한 남부의 여러 주가 연합을 결성해 연방 정부로부터 탈퇴를 선언하면서 전쟁이 시작되었다.

*군수품 : 군대와 전쟁에 필요한 물건

시민들이 줄줄이 워싱턴을 떠나고 있습니다.
곧 남군이 워싱턴으로 들이닥칠 텐데 작전상 일단 이곳을 떠나야 합니다.
좀 지켜봅시다. 수도 함락은 곧 연방 소멸을 의미합니다. 저는 끝까지 맞설 것입니다.
1861년 7월, 북군의 병력은 32만 명에 달하게 되었다.
그리고 7월 4일, 링컨은 의회를 소집해 총사령관에 윈필드 스콧을 임명했다.
전력을 다해 싸워 주시오.
윈필드 스콧
이후 스콧의 지휘 아래 3만 명의 병사를 이끈 맥도웰 장군이 리치먼드로 진격했다.

남북은 7월 21일, 불런(현재의 머내서스)에서 맞붙었다. 모두 북군의 승리를 예상하고 있었지만 명장 로버트 리의 전략으로 북군은 궁지에 몰렸다.
적의 저항이 예상보다 만만치 않습니다.
펑
콰앙
쿵
지금 불런에서 전투가 한창인데 북군이 밀리고 있습니다.
맙소사!
그 후 백악관에는 패전을 알리는 전보들이 연이어 날아들었다.
불런 전투 패배 후 스스로 물러난 스콧 대신 링컨은 조지 매클렐런 장군을 사령관에 임명했다.
최소한의 희생이 우선입니다.
알겠습니다.

조지 매클렐런
매클렐런은 초반에 키가 작고 군사적 재능이 뛰어나 '청년 나폴레옹'으로 명성을 얻었지만, 점차 공격 시기를 놓치는 소심한 태도를 보였다.
아직은 때가 아니야.
남군에 비해 서너 배나 많은 대군을 이끌고 있었지만 그는 갖가지 핑계를 대며 늑장을 부렸다.
병사가 더 필요합니다.
좋습니다.
매클렐런은 의도적으로 시간을 끄는 겁니다. 이제 공격할 때입니다.
나는 장군을 믿습니다. 그가 원하는 대로 지원을 해 주고 조금 더 기다려 봅시다.
얼마 후 링컨은 국무장관과 함께 군사 작전을 상의하기 위해 매클렐런을 찾아갔다.
자, 빨리 회의 준비를 합시다.

사령관님은 지금
외출 중이십니다.
이런!
기다리겠네.
도대체 왜
아직 안 오는
거야?
조금만 더
기다려 봅시다.
저, 장군이 좀 전에
오셨는데… 피곤하다면서
침실로 들어가셨습니다.
뭐야? 이런 무례한
인간이 다 있나?
지금 누가 와
계신 줄 알고!
저도 어쩔 수
없었습니다.
대통령님, 저런
무례한 놈은 직위를
박탈해야 합니다.
그냥
두십시오.
장군은 전쟁을 승리로
이끄는 데 필요한 인물입니다.
장군 덕분에 전쟁이 빨리 끝난다면
저는 그의 군화도 닦을 수 있습니다.
링컨은 어떤 경우에도 상대방을 먼저
배려하는 등 인간적인 면모를 보였다.
장군도 쉬어야
할 테니 오늘은
그만 돌아갑시다.

1862년 2월, 전쟁이 계속되는 가운데 설상가상으로 셋째 아들 윌리가 병으로 세상을 떠났다.
안 돼! 윌리 너마저….
미안하구나! 아들아.
이미 자식을 잃었던 링컨으로선 감당하기 힘든 슬픔이었다.
한편, 그사이 서부에서는 그랜트 장군이 이끄는 북군이 처음으로 승리해 테네시 주를 점령했다.
율리시스 그랜트
하지만 그 대가로 1만 3천여 명의 병사가 희생되었다.
이건 승리라고 할 수도 없습니다. 당장 그랜트 장군을 사임시켜야 합니다.
너무나 처참한 결과입니다.
그랜트 장군을 경질하라는 목소리에도 링컨은 그를 눈여겨보았다.
나는 그 사람을 버릴 수 없습니다. 그는 우리의 기대를 저버리지 않을 것입니다.

1862년 6월, 동부에서는 마침내 매클렐런 장군이 버지니아 주로 진격했다.
와아
드디어 결전의 날이 밝았군. 자, 돌격이다!
하지만 리 장군의 술책으로 북군은 남군에게 역습을 당했다.
펑
펑
이럴 수가!
이 전투로 2만여 명의 북군 병사가 죽거나 다쳤고 이후에도 동부에서는 계속해서 승리를 거두지 못했다.
이 싸움은 과연 노예를 위한 것입니까, 아니면 미국을 위한 것입니까?
미국을 결속시키는 것이 첫 번째 목적입니다. 하지만 노예를 그대로 두고 어떻게 결속을 할 수 있습니까?
남부 연합이 미국으로 돌아온다 해도 노예제가 위협받는다고 느끼면 저들은 언제든 전쟁을 일으킬 것입니다.
그렇지만 저희 역시 노예 해방을 받아들일 준비가 되지 않았습니다.
아닙니다. 노예 해방은 무슨 일이 있더라도 꼭 이루어져야 합니다. 조만간 중대 발표를 하겠습니다.

*호외 : 특별한 일이 있을 경우 임시로 발행하는 신문

Abraham Lincoln

노예 해방 선언서 최초의 낭독

노예 해방 선언

미국의 제16대 대통령 링컨은 1863년 1월, 미국 내 모든 주의 노예를 전면 해방한다고 선언했다. 그러나 실질적으로 노예가 완전히 해방된 것은 1865년 남북 전쟁이 끝나고 헌법이 수정되어 노예 제도가 폐지된 후부터이다.

그것은 반역에 가까운 행위입니다.
맞습니다. 노예 해방 선언을 당장 취소해야 합니다.
흑인들에게 군복을 입혀서는 안 됩니다!
노예 해방은 민주주의의 첫걸음입니다. 나는 천천히 걸을지언정 결코 뒤로 걷지는 않습니다.
여러분은 흑인 노예에게 자유를 주기 위해 전쟁을 한 게 아니라고 합니다.
하지만 흑인 병사들은 여러분을 위해 스스로 싸울 준비가 된 것 같군요.
우리가 그들에게 아무것도 해 주지 않는데 그들은 우리를 위해 자신들의 목숨을 던진 것입니다.
한편 남북 전쟁은 잠시 북군이 승기를 잡는가 싶었지만 이후에는 또다시 패배를 맛보았다.
아! 로버트 리 같은 명장이 어찌 우리에게는 없는 것인가.
이후 링컨은 조지 미드 장군을 총사령관으로 임명했다.
미드 장군, 이제 막다른 골목입니다. 당신을 믿습니다.
이 목숨 다 바쳐 승리로 이끌겠습니다!

조지 미드

게티즈버그 전투

쿵
퍼펑
콰광
펑
쾅
3일 간의 치열한 전투 끝에 드디어 북군이 승기를 잡았다.
더 이상 버티기 힘듭니다.
전원 후퇴한다!
이 전투로 양군을 합쳐 5만 명이 넘는 사람들이 죽거나 다쳤다.
남군이 버지니아로 후퇴한다고 합니다.
오, 하느님, 감사합니다!
퇴각하는 남군을 포위해 전쟁을 끝내야 합니다.
알겠습니다.
전쟁을 마칠 수 있는 기회가 드디어 찾아온 것이다.
일단 남군이 강을 넘는 데 시간이 걸리니 우리 군부터 재정비를 해야 해.
하지만 소극적인 미드 장군의 태도에 이번에도 남군은 강을 건너 무사히 퇴각할 수 있었다.
북군이 오기 전에 어서 서둘러!

링컨은 크게 실망했지만 지휘관을 질책하지는 않았다.
전쟁을 마칠 수 있었는데 내 마음을 알아주는 지휘관이 이리 없단 말인가. 하지만 그들도 사정이 있었겠지.
피비린내 나는 전투가 끝나자 게티즈버그는 지옥으로 변했다.
4개월 뒤, 게티즈버그에서 전사자를 위한 국립묘지 개장식이 열렸다.
당시 개장식 연설에는 1만 5천여 명이 모여들었다. 링컨의 손에는 한 장의 연설문이 있었다.

게티즈버그 연설은 총 272개의 단어로 이루어진 짧은 연설이었지만 오늘날까지 미국인들은 물론 전 세계 사람들에게 감동을 준 명연설이 되었다. 특히 '국민의, 국민에 의한, 국민을 위한 정부'라는 마지막 구절은 민주주의 정치의 이념을 요약한 표본으로 여겨지고 있다.

오늘 우리는 이 땅에
잠들어 있는 용사들의 죽음을
헛되이 해서는 안 됩니다.
그리고 국민의, 국민에 의한,
국민을 위한 정부는
이 땅에서
결코 사라지지
않는다는 것을 보여
주어야 합니다.

8 자유의 메아리

1865년 4월, 리치먼드
링컨
와아
링컨
만세
이제 여러분은 자유의 몸입니다.
링컨 만세!
민주주의 만세!
와아
잠시만 비켜 주게!

대통령님,
우리를 해방해
주셔서 감사합니다.
넙죽
당신은
우리 모두의
아버지이십니다.
이런!
털썩
어서 일어나세요.
제게 무릎을 꿇는 일은
옳지 않습니다.
하느님께 영광을
돌리고 하느님께 무릎을
꿇으세요. 여러분은 자유와
권리를 누리고 열심히
사시면 됩니다.
짝
짝
짝
짝
저희를 해방해 주신
링컨 대통령님의 마지막
가시는 길을 함께 보시죠.

이 승전보를
어서 알려라.
1863년, 게티즈버그 전투 다음 날 그랜트 장군은 미시시피 강이 내려다보이는
남부 국경의 고지대 빅스버그 요새의 항복을 받아 냈다.
그 후 북군은 남부 연합의 심장부까지 돌파했다.
승기를
잡았으니 계속
돌진한다!
링컨은 이전 지휘관과 달리 적극적이었던 그랜트를
1864년 3월 총사령관에 임명했다.
오래도록
눈여겨보고 있었소.
장군이 우리의
희망이오.
끝까지
싸우겠습니다.
그를 경질하지 않은 채 믿고 기다렸던 링컨의
인내심이 마침내 빛을 발한 것이다.
모든 작전과
임명 권한을
그대에게 주겠소.
앞으로
리치먼드를 공격할
예정입니다.
좋습니다. 적극
지원하겠소.

1864년 5월, 남북 전쟁의 마지막 결전이 시작되었다.
탕
퍼펑
펑
탕
남군의 저항도 만만치 않았다.
이대로 물러설 수 없다! 끝까지 싸워라!
북군은 리치먼드를 함락하기 위해 세 번이나 큰 전투를 치렀지만 성공하지 못했다.
몇 년이 걸려도 승리를 위해 이대로 싸우고 또 싸우겠다!
전쟁 중에 링컨은 종종 부상병들이 있는 병원을 방문했다.
어서 오십시오! 대통령님.
위중한 환자입니다. 이쪽으로 오십시오.
고맙습니다.

으으~
내가 당신을 위해
할 수 있는 일이
뭐가 있겠소?
제….
제 어머니께
편지 한 통만 대신 써
주십시오.
알겠습니다.
끄덕
어머니, 저는
의무를 다하던 중에
부상을 당했습니다.
제가 먼저 떠나더라도
너무 슬퍼하지 마세요.
하느님께서 어머니와
아버지를 축복해
주실 겁니다.
으~ 으윽!
울컥
마무리는 제가
하겠습니다.
고맙습니다.

헉! 에이브러햄 링컨?
당신이 정말 대통령이십니까?
제가 할 수 있는 다른 일은 없습니까?
제 손 좀 잡아 주십시오. 그러면 편안히 떠날 수 있을 것 같습니다.
알겠습니다. 당신은 영웅입니다.
꼬옥
링컨은 그가 숨을 거둘 때까지 자리를 뜨지 않고 따뜻한 말을 건넸다.
부디 좋은 곳으로 가소서.
이렇듯 참혹한 전쟁의 희생자들을 보며 링컨은 비통함을 감출 수 없었다.
가엾은 병사들. 그 고생을 하고 그렇게 죽어 가다니!

전쟁이 계속되는 와중에 또다시 대통령 선거가 다가왔다.
시간이 갈수록 희생자만 늘어 갑니다.
이대로 더는 안 됩니다.
그러자 북부 민주당 의원들은 대통령을 갈아 치우고자 온 힘을 다했다.
이제 그만 물러나야 한다!
링컨은 전쟁을 길게 끈 장본인이다!
링컨의 지지 세력이 많이 줄기는 했어.
링컨이 재선에 성공할 수 있을까?
백악관
아직 할 일이 많다. 미국의 분열을 막으려면 반드시 당선돼야 해.
링컨은 두 번째 대통령 자리에 도전했다.
오늘날 젊은이들의 값진 희생이 헛되지 않도록 싸우고 또 싸울 것입니다.
LINCOLN WIN
LINCOLN
상대 후보는 링컨이 북군 총사령관 자리에서 해임한 매클렐런이었다.
링컨은 저에게 전쟁을 부추겼습니다. 하지만 전쟁만이 해결책은 아닙니다.
LINCOLN

평화를 유지하려면
노예제를 부활시켜야 합니다.
그것만이 전쟁을 끝내는
길입니다.
짝
짝
계속되는 군비 지출과 수많은 희생 때문에 사람들은
링컨의 영향력에 의구심을 품기 시작했다.
링컨을
심판해야 합니다!
그럴 만도
하지.
심지어 공화당 내에서도 반대의 목소리가 일었다.
링컨보다 더 강력한
후보를 내세워야
하지 않을까?
전쟁이 길어질수록
당선 가능성은
떨어지지.
REPUBLICAN
PARTY
그해 여름은 링컨에게 가장
우울한 때였다.
끄응
한편 북부에선 여전히 많은
사람이 징병되고 있었다.
전쟁 정말
지겨워!
셔먼 장군이
애틀랜타까지 진격했다는
소식입니다.
오,
그래요?
그랜트 장군의 지휘 아래 있던
셔먼은 애틀랜타 시민들을 몰아내고
시가지를 모조리 불태웠다.

그리고 셰리던 장군의 부대도 남군의 정예 부대를 격파해 워싱턴을 위험에서 구했다.
와아
와
와
그랜트 장군은 망설이지 않고 리치먼드의 목을 점점 죄었다.
한시도 틈을 주면 안 된다!
점점 북군이 승기를 잡아 가고 있다더군.
드디어 전쟁이 끝나는 거야?
링컨이 그랜트 장군을 신임하더니 결국 보답을 받는군.
하지만 로버트 리가 순순히 물러날까?
링컨에게 의구심을 품던 공화당 의원들도 전쟁이 유리해지자 지지자로 돌아섰다.
그것 봐, 내 말이 맞잖아. 링컨밖에 없어.
전에는 물러나야 한다면서?
REPUBLICAN PARTY
여론이 좋아지고 있습니다.
이건 노예 해방을 그대로 밀어붙이라는 국민의 뜻이겠지요.

1864년 11월, 쉰다섯 살의 링컨은 대통령에 재선되었다.
오늘의 결과가 위대한 것이라고 말할 수 없더라도 우리 국민들에게는 오랫동안 이익이 될 것으로 믿고 싶습니다.
1865년 3월, 취임 후 가장 먼저 해야 할 일은 전쟁을 끝내는 것이었다.
병사 지원을 더욱 적극적으로 해 주십시오.
알겠습니다.
링컨은 노예도, 주인도 없고 남과 북도 없는 하나의 미국으로 통합하기 위해 온 힘을 기울였다.
오늘 들어온 소식을 보러 직접 전신국으로 가겠습니다.
한편 전쟁은 막바지에 이르렀다.
남군 진영
더는 견딜 수 없어. 오늘 밤 난 도망가겠어.
이제 우리는 독 안에 든 쥐야.

현재 상황이
어떤가?
북군이 코앞까지
들이닥쳤습니다.
게다가 여기저기에서
병사들이 탈영하고
있습니다.
장군님,
더, 더 이상은….
잘 알았네.
나가 보게.
운명의 시간이
다가왔구나.
척
워싱턴 군법재판소
오랜만이오,
리 장군. 오시느라
고생하셨소.

항복한 남군 사병을 모두 석방하겠습니다. 대통령의 뜻입니다.
좋소
또 2만 5천 명분의 식량도 지원하라는 명령입니다.
아량을 베풀어 주신 대통령께 감사드립니다.
쓱
와아
와
어허, 멈추지 못할까!
1865년 4월, 4년 넘게 이어진 기나긴 전쟁이 끝났다. 양군을 합쳐 60만 명 이상의 전사자가 발생한 이 엄청난 시련을 이겨 내고, 마침내 미국 통일과 노예 해방이 이루어졌다.
그랜트는 진정한 명장이었다.
어제의 적은 더 이상 적이 아니다. 항복한 적 앞에서 기뻐하지 말고 모두 예의를 갖춰라.

오늘 리치먼드를 방문하겠습니다.
아직 리치먼드는 전쟁터라 곳곳에 위험이 도사리고 있습니다.
뒷날로 미루십시오.
괜찮습니다! 지금 그곳에는 나를 눈 빠지게 기다리는 사람들이 있으니까요. 준비해 주십시오.
링컨은 군의 호위를 받으며 4년 동안 남군의 수도였던 리치먼드를 찾았다. 해방된 노예들과 흑인 병사들만이 도로를 메우고 있었다.
와아
링컨, 당신은 구세주입니다.
정말 감사합니다.
와

돌발 인터뷰
노예에서 해방된 기분이 어떠십니까?
이런 세상이 있구나 싶었어요. 평생을 채찍질과 노동으로 살아왔기 때문에 처음엔 믿기지 않았죠.
앞으로 어떻게 살아가실 겁니까?
이제 우리는 살고 싶은 곳에서 살 수 있고, 가족끼리 강제로 헤어질 일도 없어졌고, 투표도 할 수 있게 됐어요. 너무나 기본적인 자유와 권리지만 여태껏 누리지 못했던 것들을 누리며 살아가고자 합니다.
Why? people interview

폐허가 된 남부를 빠른 시일 내에 복구하도록 총력을 기울여 주십시오.
대대적인 보수에 돌입하겠습니다.
그리고 군사 법원이 내린 이 사람들의 형량 말입니다만….
군법상 남부 연합 스파이들과 탈영병은 사형에 처해야 합니다. 그 명단입니다.
지시만 내리신다면 바로 시행하겠습니다.
흐음
살생이란 얼마나 큰 죄인가!
나는 더 이상 피를 보는 일을 하지 않을 것입니다. 사형은 전부 취소합니다.
덥
링컨은 남부 사람들에게 친절하고 관대한 마음을 보여 주었다.
이 친구들은 땅 밑에 묻히기보다는 땅 위에서 할 일이 더 많아 보입니다.
더 이상 그들은 적이 아닙니다.
휙

4월 14일, 저녁 식사를 마친 링컨은 아내와 함께 포드 극장을 찾았다.
얼마 만에 이런 시간을 갖는지 홀가분하군!
윌리가 살아 있다면 아빠를 자랑스러워했을 텐데요.
와아
와아
짝짝짝

앞으로는
종종 극장에
다닙시다.
스윽
당신을
심판한다!
움찔
타앙
쿵

대통령께서
총에 맞으셨다!
여보,
정신 차려요!
이내 의사들이 달려와 치료를 했지만 링컨은 의식을 찾지 못했다.
엉
엉
빨리 대통령을
병원으로!
1865년 4월 15일 오전 7시 22분, 링컨은 쉰여섯 살의 나이로 숨을 거두었다.
엉
엉
아버지, 이렇게
가시면 안 돼요!
다음 날
오, 주여!
어찌 이런 시련을
주시나이까.
나흘 뒤, 흑인과 백인, 군인을 가릴 것 없이 수천 명의 사람들이 관을 지고 갈 행렬을 기다리고 있었다.

4월 21일, 2,600킬로미터 떨어진 일리노이 주를 향해 링컨의 관은 떠났다. 가난한 개척자의 아들로 태어나
대통령이 되어 미국을 단결의 길로 이끌고 노예 해방의 아버지로 우뚝 선 링컨, 그는 생을 마쳤지만
그가 남긴 '국민의, 국민에 의한, 국민을 위한 정부'는 우리 마음속에 영원히 남을 것이다.

역지사지 나만의 해결법이 필요한 순간! 이럴 때 나는 어떻게 할까?

링컨은 **섬터 요새**를 포위하고 전쟁을 시작하려는 남부 연합의 도발에 맞서 전쟁에 돌입했고, 그 결과 미국은 4년이라는 긴 세월 동안 내전에 시달리게 됩니다. 결국 **북군의 승리**로 **노예제 폐지**라는 위업은 달성했지만 그로 인해 미국이 입은 엄청난 인적 · 물적 피해도 무시할 수만은 없었습니다. 전쟁을 하기로 정한 **링컨의 결단**은 과연 잘한 일일까요?

그때 나라면 어떻게 했을까?

여러분이라면 어떤 선택을 할 건가요?

① 최악의 평화가 최선의 전쟁보다 낫다. 전쟁은 절대 안 돼!

② 전쟁이 싫긴 하지만 인간의 기본적인 평등권을 무시하는 노예제를 그냥 둘 수는 없어.

③ 전쟁을 하지 않으면 둘로 갈라진 나라가 되었을 테니 남부 연합을 물리치고 하나 된 미국을 만드는 게 옳아!

④ 그 밖의 의견

왜냐하면…!

율리시스 그랜트 (1822~1885년)

미국 오하이오 주 출신 군인으로 멕시코 전쟁에 참여했다. 이후 남북 전쟁이 시작되자 남군이 차지하고 있던 헨리 요새와 도넬슨 요새를 점령하고 이후 빅스버그 전투에서도 큰 전과를 올렸다. 그리고 1865년 4월 버지니아 주 애퍼매톡스에서 남군 사령관 로버트 리 장군의 항복을 받아 내 기나긴 전쟁을 사실상 종결시켰다. 1868년에는 그 공적을 바탕으로 공화당 대통령 후보에 지명되어 제18대 대통령으로 당선되었다.

남북 전쟁 승리의 일등 공신

그랜트는 미국이 낳은 최고의 장군 중 하나였다. 그는 부하들을 깊이 배려하고 그들의 기술과 경험에 맞추어 적절한 명령을 내릴 줄 아는 인물이었다. 그는 다양한 상황의 전투에 맞는 전략을 세우고 리더십을 발휘하며 전쟁을 진두지휘했다. 남북 전쟁 초기에는 다소 실망스런 결과를 보여 준 바람에 그를 해임하라는 요구가 빗발쳤지만 링컨은 "나는 그랜트를 버릴 수 없다. 그는 싸우고 또 싸우기 때문이다."라는 반론을 하며 오히려 북부군 총사령관에 임명했고, 그 기대에 부응하듯 결국 그랜트는 전쟁을 승리로 이끌었다.

스티븐 더글러스 (1813~1861년)

미국 일리노이 주 출신 정치인으로 일리노이 주 최고 재판소 판사와 민주당 지도자로 활약했다. 상원의원이던 1854년, 노예제 허용 여부를 각 주 자체의 주민 투표로 결정하도록 위임하는 '캔자스-네브래스카 법안'을 의회에 제출하면서 링컨의 정치적 맞수가 되었다. 이후로도 노예제 폐지 여부를 둘러싸고 사사건건 링컨과 대립했으며 1860년에는 민주당 대통령 후보에 올라 링컨과 경합을 벌였지만 패배하고 말았다.

정치 인생의 최대 라이벌

링컨의 정치 인생에서 빼놓을 수 없는 사람이 바로 더글러스다. 특히 노예제를 둘러싼 정치적 공방에서 링컨은 헌법이 백인과 흑인 모두에게 권리를 주고 있으며 연방이 분열되어서는 안 된다는 주장을 했고, 반면 더글러스는 권리를 누릴 수 있는 대상은 백인이며 각 주의 일은 그 주에서 알아서 처리해야 한다는 논리로 링컨을 혹독하게 공격했다. 하지만 남북 전쟁 당시 더글러스는 연방 통일론을 지지하고 적극적으로 의용군을 소집하는 등 링컨에게 전폭적인 협조를 아끼지 않은 서포터이기도 했다.

인물 스케치

에이브러햄 링컨 (1809~1865년)

미국 켄터키 주 호젠빌 인근에서 가난한 개척민의 아들로 태어나 어려서부터 아버지를 도와 일했다. 정식으로 교육을 받은 기간은 1년도 채 되지 않지만 이후 일리노이 주의원, 변호사, 연방 하원의원을 거쳐 마침내 미국의 제16대 대통령에 당선되었다. 재임 중 남북 전쟁에서 북군을 지도해 점진적인 노예 해방을 이루었다. 전쟁 당시 게티즈버그에서 한 연설 중 유명한 '국민의, 국민에 의한, 국민을 위한 정부'라는 불멸의 말을 남겼다. 이후 대통령에 재선되었으나 암살당해 생을 마감했다.

1

2

3

"국민의, 국민에 의한,
국민을 위한 정부는 이 땅에서
영원히 사라지지 않을 것입니다."

에이브러햄 링컨

1. 링컨 조각상 | 2. 어린 시절 링컨이 살던 통나무집 | 3. 남북 전쟁 중 앤티텀을 방문 중인 링컨
4. 링컨 장례식 | 5. 링컨-헌든 법률 사무소

4

5

1809 미국 켄터키 주 호젠빌 인근에서 출생

1816 인디애나 주 남서부로 이주

1818 어머니 낸시 사망

1828 뉴올리언스에서 최초로 노예 경매를 목격

1831 뉴세일럼에서 상점 점원으로 일함

1832 블랙호크 전쟁 때 일리노이 주 자원군에 입대, 주의회 선거에서 패배

1834 일리노이 주의원 당선

1836 일리노이 주의원 재선 변호사 자격 획득

1838 일리노이 주의원 3선

1840 일리노이 주의원 4선

1842 메리 토드와 결혼

1846 연방 하원의원 당선

1851 아버지 토머스 사망

1855 연방 상원의원 낙선

1856 부통령 후보 경선 낙선

1859 연방 상원의원 낙선

1860 대통령 당선

1861 남북 전쟁 발발

1863 노예 해방 선언문 공포

1864 대통령 재선

1865 워싱턴 포드 극장에서 저격당해 사망

용어 해설

준주(準州)	주(州)로 승격해서 연방에 가입하기 이전의 상태인 영토를 가리킨다. 준주였던 캔자스와 네브래스카는 각각 1861년, 1867년에 주로 승격했다. 현재까지도 미국 외에 캐나다, 오스트레일리아, 프랑스 등의 여러 나라에 존재하고 있다.
캔자스-네브래스카 법	1854년, 미국이 새로운 영토인 캔자스와 네브래스카를 준주로 창설했을 때 노예제 인정 여부를 지역 주민 투표로 결정하도록 한 법이다. 이들 영토는 미주리 협정선 북쪽에 있었기 때문에 원칙상 노예제가 금지되어야 했지만 더글라스에 의해 이 법안이 통과되면서 사실상 미주리 협정이 깨지고 말았다.
피의 캔자스	캔자스가 준주에서 주로 승격할 때 노예주가 될 것인가 자유주가 될 것인가 하는 문제를 놓고 일어난 유혈 사태다. 캔자스-네브래스카 법안 통과 이후 노예제를 놓고 찬성파와 반대파가 캔자스로 상당수 쏟아져 들어오면서 갈등이 커져 촉발되었으며 1859년에 끝났다.
공화당	휘그당(1834~1860년)을 바탕으로 하는 미국의 정당. 노예 제도에 반대하며 북부(자유주)의 자본가와 상인들의 지지를 받음으로써 남부(노예주)의 지지를 받는 민주당과 대립 구도를 이루었다.
미국 독립 선언서	영국의 식민지였던 아메리카 합중국이 대내외적으로 독립을 선포한 선언으로서 미국의 역사적인 문서다. 식민지가 독립을 선언하는 대원칙을 밝히고 영국 국왕의 부당한 식민지 정책을 열거하는 내용을 담고 있다.

교과 연계표

Why? People 에이브러햄 링컨	**사회 4학년 1학기 :** 주민 참여와 우리 시 · 도의 발전 **사회 6학년 2학기 :** 우리 생활과 민주주의, 인권과 인권 보호 **도덕 6학년 :** 평화로운 삶을 위해

Photo CREDITS
174p 링컨 조각상 ©Narenchalla, 어린 시절 링컨이 살던 통나무집 ©U.S. Federal Highway Administration / 175p 링컨-헌든 법률 사무소(가로) ©Teemu008, 링컨-헌든 법률 사무소(세로) ©Zol87 / 그 외 유로크레온, 예림당